BÜZZ

© 2021, Buzz Editora
© 2021, Renata Vichi

Publisher ANDERSON CAVALCANTE
Editora TAMIRES VON ATZINGEN
Assistente editorial JOÃO LUCAS Z. KOSCE
Preparação LEANDRO RODRIGUES
Revisão LUISA MELLO, LARISSA WOSTOG
Projeto gráfico ESTÚDIO GRIFO

Nesta edição, respeitou-se o novo Acordo
Ortográfico da Língua Portuguesa.

Dados Internacionais de Catalogação na Publicação (CIP)
de acordo com ISBD

V634c
Vichi, Renata
   Chocolate nas veias: descubra a surpreendente história da
   CEO que revolucionou o mercado de chocolates no país com a
   Kopenhagen e a Brasil Cacau! / Renata Vichi
   São Paulo: Buzz Editora, 2021
   208 pp.

ISBN 978-65-89623-59-5

1. Administração. 2. Mulheres. 3. Liderança.
4. Empreendedorismo. 5. Sucesso. I. Título.

2021-3723   CDD 658
                                                     CDU 65

Elaborado por Vagner Rodolfo da Silva CRB 8/9410

Índice para catálogo sistemático:
1. Administração 658
2. Administração 65

Todos os direitos reservados à:
Buzz Editora Ltda.
Av. Paulista, 726 – mezanino
CEP: 01310-100 – São Paulo/ SP
[55 11] 4171 2317 | 4171 2318
contato@buzzeditora.com.br
www.buzzeditora.com.br

Renata Vichi

chocolate nas veias

Descubra a surpreendente história da CEO que revolucionou o mercado de chocolates no país com a Kopenhagen e a Brasil Cacau!

09 **PREFÁCIO**
Celso Moraes

13 **APRESENTAÇÃO**
Muito prazer, Renata Vichi

1

19 Saia da janela, olhe-se no espelho!

22 Mulheres ambiciosas chegam ao topo

28 Quebrando o rótulo: nunca se alie ao seu
potencial concorrente

2

33 Permita-se brilhar em meio à escuridão

3

43 Limites não são limitantes

46 Revisite o seu passado, mas não reprise os
erros cometidos

4

53 Haja o que houver, aja!

55 Comprometa-se com a proatividade

58 Sinal verde para mudar de ideia

5

61 Abrace suas vulnerabilidades

69 O resiliente pode avançar lentamente, mas chega longe

6

73 Atitudes vencedoras na liderança

75 Benefícios de cultivar a sororidade

77 Comandar com empatia

7

81 Atitudes campeãs da mulher empreendedora

83 Abrace as mudanças

84 Inspire-se em quem veio antes

85 A hora certa de empreender

86 O sucesso não vem de graça

8

89 Em um mundo masculino, não se deixe intimidar

92 Negocie como uma mulher

96 Onde você não for valorizada, não se demore

97 Todo assédio deve ser combatido

9

101 Confiar em seus instintos e seguir a sua intuição: certo ou errado?

10

107 Vencendo o medo de vencer

11

111 Como se tornar imune aos rótulos

115 Mais um pouco sobre a importância da autoconsciência

117 Rasgando rótulos na prática

121 As empresas também precisam rasgar rótulos

12

123 Atitudes autossabotadoras em sua jornada de liderança e empreendedorismo

129 Combatendo a autossabotagem na prática

13

135 As três palavras mágicas da liderança

14

143 Muito além do trabalho

147 Descubra o seu paraíso pessoal

148 E para reforçar...

15

151 O papel das relações afetivas em seu
crescimento profissional

16

159 A liderança e a maternidade sem culpa

17

169 O líder e o enfrentamento das crises
175 Um pouco mais sobre a Kopenhagen
e a pandemia

18

181 A importância do *branding* para o sucesso
de seu negócio

19

191 Por que você deve criar uma linha do tempo

197 **CONCLUSÃO**
De líder para líder

201 **AGRADECIMENTOS**
Ninguém faz nada sozinho.
E isso é muito bom!

PREFÁCIO

É impossível esquecer o dia em que Renata, minha filha única e então ainda adolescente, "a favorita", como costumo brincar, virou-se para mim e disse, muito séria: "Pai, eu quero trabalhar com você na Kopenhagen". Emocionado, no mesmo instante comecei a imaginar como seria tê-la ao meu lado dentro da companhia, que tinha comprado havia pouco. A mãe dela e eu esperamos dez longos anos para que uma gravidez vingasse. Quando finalmente descobrimos que seríamos pais, eu torci, em pensamento, para que viesse justamente uma menina. Hoje vejo que o motivo era um pouco machista de minha parte. Naquele tempo, não era tão comum que as mulheres almejassem posições executivas, e certamente eu me frustraria se um filho homem não quisesse seguir os meus passos. Da parte de uma filha, ao contrário, eu não precisaria nutrir expectativas. Além disso, eu sabia que não seria capaz de forçar a barra, tampouco de interferir na escolha de uma profissão, pois sempre fui totalmente a favor desse tipo de livre-arbítrio. Doce ironia do destino: Renata não apenas quis seguir meus passos no mundo corporativo, como ainda se transformou em uma das mais conceituadas executivas de nosso país. Eu não faço tal afirmação como um pai orgulhoso, e sim como um homem de negócios experiente, que durante muitas décadas se dedicou a comprar e a comandar marcas e empresas, e que assistiu, de perto, ao desenvolvimento de uma líder brilhante e tremendamente compromissada com tudo o que faz.

Ao ler este livro, tenha a certeza de que você vai encontrar lições preciosas de uma CEO que não tem medo de enfrentar desafios. Que é disciplinada, inteligente e resiliente. Que pensa no coletivo e no sucesso de todos os seus colaboradores e franqueados. Sobretudo, que é mesmo incansável e tem chocolate nas veias. Estas são características essenciais para quem deseja liderar e empreender com sucesso em um mercado competitivo e, muitas vezes, cruel e injusto em relação às mulheres. Renata guarda, ainda, uma vantagem: ser livre daquelas pequenas vaidades masculinas que tanto atrapalham as jornadas vencedoras.

Eu devo dizer que sou fã de carteirinha das mulheres. Vejo com muito bons olhos a presença feminina em cargos de liderança e tenho certeza de que o nosso país estaria em um patamar bem mais confortável e progressista se pudéssemos contar com uma presidente capacitada para comandar a nação. Repito o mesmo em relação às empresas. Mulheres são destemidas, centradas e multitalentosas. Desde que ingressou na Kopenhagen, Renata apresentou estas e outras qualidades. Ainda muito jovem, ela deixava claro possuir metas definidas e objetivos concretos. Sempre deixei evidente que o fato de ser a minha filha querida não lhe garantiria um lugar à mesa da presidência. Por essa razão, Renata trilhou seu caminho única e exclusivamente por seus próprios méritos. Buscou aprender, ouvir, estudar, questionar. Cada vez mais, ela soube se entregar às missões e se tornar indispensável dentro da companhia. Digo, sem qualquer sombra de dúvida, que foi a união de sua juventude com minha experiência que produziu alguns dos resultados mais notáveis para o nosso grupo. Foi de Renata, por exemplo, a ideia de criar uma nova marca, a Chocolates Brasil Cacau, assim como muitos outros projetos vencedores que viriam pela frente e se transformariam em grandes sucessos. Hoje, ela comanda um empreendimento extraordinário.

Eu estou certo de que, ao terminar esta leitura, você terá descoberto como se tornar uma líder criativa, leal, transparente e disruptiva, assim como é a Renata. Você estará pronta para desbravar um novo mercado, inspirada por toda a experiência e generosidade que ela é capaz de transmitir com segurança e empatia. Desde sempre, Renata aprendeu que vencem somente aqueles que escolhem agir com correção e justeza em todas as situações. Eu sempre fiz questão de demonstrar a ela que tudo que vem fácil vai fácil. Pode parecer um ensinamento básico, mas, para compreendê-lo e assimilá-lo, é preciso ter princípios sólidos. O caráter de Renata não tem preço. Eu deposito nela o mais alto nível de confiança. Minha filha se transformou em uma CEO moldada pelos bons valores e pela verdade, assim como meu pai, seu avô, moldou o meu próprio caráter ao me estimular na busca pela independência financeira. Foi desse modo que construí um dos principais grupos empresariais do Brasil.

Saiba, portanto, que o caminho mais curto nem sempre é aquele que reserva as melhores oportunidades. Quem vence por meio de atalhos frágeis não se sustenta em sua posição. Por meio das palavras de Renata, você vai aprender a ser como ela mesma, incansável, mesmo sob as condições mais adversas, e conquistar a liderança por intermédio de seu próprio esforço. Também entenderá por que a ambição saudável é necessária para quem almeja se estabelecer no universo corporativo, assim como a ousadia e o autoconhecimento.

Finalmente, espero que você, que tem este livro em mãos e que deseja ter sucesso em seus caminhos da liderança e do empreendedorismo, nunca pare de sonhar. Acreditar nos sonhos é o que nos permite nunca esmorecer. Pode parecer um pouco clichê, mas está aí a Renata, que não me deixa mentir. O primeiro passo você está dando agora. E não poderia estar em melhor companhia. Vá em frente!

CELSO MORAES

APRESENTAÇÃO

MUITO PRAZER, RENATA VICHI

Meu dia a dia é intenso e compreende um aglomerado de desafios e atribuições, além, claro, de pressão por todos os lados. Sempre que me perguntam qual é o segredo para suportar tanto dinamismo, eu só consigo responder com uma palavra: paixão! Eu sou apaixonada pelo que faço e pelas conexões que o meu trabalho produz. Essa paixão incutiu, em mim, um *mindset* totalmente voltado à possibilidade, uma predisposição para enxergar mais soluções e menos problemas. Quando estou diante de uma grande adversidade, do tipo que gera tensão e exige medidas enérgicas e imediatas, não vejo as coisas sob a ótica do desespero: eu a analiso e vislumbro o quanto um esforço incansável naquela determinada situação pode reverberar decisivamente em todo o processo que eu havia projetado. Então, tudo fica mais claro.

No entanto, preciso esclarecer que meu caminho para estabelecer esse *mindset*, essa propensão a transformar dificuldades em oportunidades, foi aberto com muito trabalho e dedicação. Para percorrê-lo, precisei de planejamento, estratégia e perseverança. Se você quiser traçar uma rota parecida com a minha, sem atalhos, garanto que chegará a seu destino, não importa quais sejam sua idade e sua origem, ou mesmo sua formação. O único requisito indispensável é ser incansável. Você é? Tenho certeza de que sua resposta é "sim". Portanto, seja bem-vinda ao clube das mulheres que nasceram para vencer! Está curiosa para saber mais a meu respeito e sobre o meu processo de crescimento?

Minha história como executiva começou quando eu era ainda muito jovem, com apenas 16 anos. Desde meu primeiro dia como estagiária na Kopenhagen, procurei desenvolver uma visão apurada de futuro.

Eu estava bastante certa a respeito de meu objetivo: explorar todos os níveis e meandros da companhia, trabalhar de maneira obstinada para fazer a marca crescer e se consolidar cada vez mais. Defini, como meta profissional, imprimir uma cultura organizacional baseada na meritocracia e, quando todas essas etapas estivessem concluídas com excelência, iniciar um plano de sucessão na gestão da companhia.

Sim, eu sei, esses eram objetivos bastante ousados para uma adolescente que ainda estava por concluir o Ensino Médio. Mas acredite: eu sabia que tinha o tempo como aliado e a disciplina como característica marcante de minha personalidade. Participei de incontáveis reuniões de departamentos com assuntos e terminologias absolutamente inéditas para uma jovem, permaneci atenta a tudo e a todos e, aos poucos, fui ganhando familiaridade com múltiplos temas. Essa vivência me possibilitou construir uma visão sistêmica bastante exata sobre o negócio.

Quando chegou a hora de ingressar na faculdade, optei por cursar Administração de Empresas na FAAP. Após dois anos, iniciei também o curso de Publicidade na FIAM. Meu segredo foi abandonar a subjetividade e buscar, avidamente, informações concretas e conhecimento sólido sobre o meu setor de atuação.

Participei ativamente do projeto de implantação das franquias Kopenhagen. Aos poucos, conquistei a credibilidade e a simpatia de grandes investidores e empreendedores. Em 2008, com o país em plena expansão econômica, tive a ideia de criar um grupo franqueador, tendo a Kopenhagen como uma das marcas do portfólio, ao qual adicionei mais uma, a Chocolates Brasil Cacau. Essa iniciativa transformou o panorama do grupo, ampliando seu poder de atuação e sua capacidade de expansão.

Em 2014, firmamos a parceria com a suíça Lindt. Trata-se de uma colaboração inédita no mundo, destinada a introduzir lojas próprias dessa importante marca de chocolates no mercado brasileiro. Esse foi um extraordinário desafio, mas não parei por aí! Motivada pelo meu próprio estilo de vida saudável, no ano de 2019 encabecei a criação da linha Soul Good Kopenhagen, uma plataforma de negócios totalmente voltada para a qualidade de vida, sem abrir mão da indulgência. Eu queria oferecer ao mercado um produto gostoso de verdade e com proposta *clean label*, relacionado à minimização do consumo de produtos altamente industrializados e artificiais. Ao mesmo tempo, atenderia aos consumidores celíacos, intolerantes a lactose e diabéticos. Também decidi empreender em uma área totalmente diversa do setor alimentício e inaugurei, em São Paulo, junto com outros dois sócios, o Studio SoulBox, que oferece o que há de mais moderno e efetivo no segmento *fitness*. Posso dizer que esse empreendimento é minha menina dos olhos.

Em 2020, passei a ocupar oficialmente o cargo de CEO do Grupo CRM, que abrange as marcas Kopenhagen, Chocolates Brasil Cacau e Kop Koffee. Foi também nesse ano que encarei um dos maiores desafios de minha carreira: conduzir as operações de Páscoa da Kopenhagen e da Brasil Cacau de maneira 100% digital, com todas as 850 lojas fechadas em razão da pandemia de Covid-19. A esse respeito, farei um relato detalhado e relevante em um capítulo posterior.

Em outubro de 2020, concluí o acordo societário entre o Grupo CRM e a Advent International, um dos maiores fundos de *Private Equity* do mundo. A Advent está em absoluta aderência com os planos traçados para o futuro da companhia e com a minha visão do negócio. Permaneço como CEO e fiel embaixadora dos valores inegociáveis das nossas marcas, guardiã das nossas fortalezas e defensora incansável da qualidade extrema dos nossos produtos e do nosso DNA precursor, protagonista, inovador e surpreendente.

Hoje, tenho orgulho em dizer que corre chocolate pelas minhas veias, como certa vez afirmou Orlando Glingani, veterano gourmet e ex-gerente de inovações da Kopenhagen e da Brasil Cacau, com quem tive o prazer de aprender e de criar experiências indescritíveis a partir dessa matéria-prima tão preciosa. Chocolate também corre pelas veias de todo o meu incrível time de colaboradores. Parte dessa minha trajetória já ganhou as telas em um documentário intitulado *A incansável*, distribuído pela plataforma de *streaming* Meu Sucesso. Sinto-me orgulhosa pela estrada já percorrida, mas acredite: ainda estou no meio do caminho e sonho com muito mais! Neste livro, vou me aprofundar sobre liderança, empreendedorismo e, principalmente, a respeito do que você, que me lê, pode fazer para alcançar o seu sucesso.

A partir das próximas páginas, espero que você não apenas passe a aprender e a sonhar comigo, como também encontre recursos, exemplos e ferramentas que a auxiliem a escrever sua carreira como a protagonista que merece ser. Eu já estou na sua torcida.

Boa sorte!

SEJA BEM-VINDA AO CLUBE DAS MULHERES QUE NASCERAM PARA VENCER!

1

SAIA DA JANELA, OLHE-SE NO ESPELHO!

Tenho duas perguntas para você. Qual é o seu grau de satisfação a respeito de sua carreira? Sente-se preparada para enfrentar o mercado com a cara e a coragem? Todas nós sabemos que, para uma mulher que deseja alcançar o máximo de seu potencial, a atual conjuntura socioeconômica pode parecer, à primeira vista, um obstáculo intransponível. No início de 2020, por exemplo, o relatório do Fórum Econômico Mundial apontava que seriam necessários, aproximadamente, 250 anos para haver igualdade entre homens e mulheres no mercado de trabalho. Na melhor das hipóteses, contando com desenvolvimento acelerado, essa projeção chegaria a não menos que 94,5 anos. Em janeiro de 2021, o Departamento Econômico e Social da Organização das Nações Unidas – ONU revelava, por meio do relatório "Situação Econômica Mundial e Perspectivas", que a pandemia de Covid-19 lançara 131 milhões de pessoas à pobreza – em sua maioria, mulheres. Dados como esses evidenciam algo que sabemos muito bem: as crises econômicas atingem de maneira distinta homens e mulheres, sendo a ala feminina notadamente mais afetada pelos riscos de pobreza e de violência, não apenas em nosso país, mas em todo o mundo.

Para uma mulher, olhar pela janela em um contexto tão pouco auspicioso pode ser desanimador. Ao mesmo tempo, isso propõe o tipo de desafio que você deveria estar disposta a enfrentar, se quiser vencer, a despeito das disposições em contrário. O primeiro passo é confrontar a si mesma. Afinal, quem é você? Uma mulher que contempla cenários como os que acabei de apontar e acredita que nada pode fazer a respeito? Alguém que se contenta em fazer parte das estatísticas porque o sistema é forte demais para ser combatido? Se responder "sim" a essas três perguntas, sinto em dizer que o sucesso profissional não é para você. Quem visa o êxito, seja dentro de grandes corporações, seja investindo no empreendedorismo, ou no mundo dos negócios, deve aprender a sair da janela aberta para esse futuro incerto e olhar para o próprio espelho. Precisa se disponibilizar a desenvolver e aprimorar suas competências. Sobretudo, necessita acreditar em seu próprio potencial, em lugar de se deixar curvar por algum tipo de sina ao fracasso. Mulheres vencedoras recusam-se a assumir o papel de vítima – elas são lutadoras, combativas, autoconfiantes. Não estão dispostas a engrossar as estatísticas, tampouco a perder tempo esperando que o vento sopre a favor para, então, navegar em um mar de possibilidades. Em outras palavras, profissionais bem-sucedidas não aceitam ser tratadas como coadjuvantes em um universo de contextos opressores, pois preferem ser, agir e pensar como protagonistas. Fazem isso com autocrítica, trabalho duro, disciplina e postura vencedora.

Existem, portanto, dois caminhos a escolher: no primeiro, você se conforma com o *status quo*, o mercado conforme ele se apresenta, e sentencia-se ao papel de vítima. Em troca, recebe apenas o que o modelo atual está disposto a entregar, ou seja, estagnação e quase nenhuma realização. No segundo, é você quem decide de que maneira vai alcançar suas metas e seus objetivos profissionais de curto, médio e longo prazos. É você quem se mostra disposta a crescer e a fazer todo e qualquer esforço necessário a fim de conquistar seu lugar ao sol. Se aceitar seguir por essa segunda rota, ficará surpresa com os resultados e o quanto ganhará em termos de força e tração.

Saiba que o caminho que proponho a você nada tem a ver com sorte ou acaso. Ele é criado a partir do mérito, da absoluta disciplina e da dedicação irrestrita. Nesse percurso não existem limites, a não ser aqueles que você decide impor a si mesma. Não há espaço para uma bagagem carregada de rótulos preestabelecidos por terceiros, ou por suas próprias inseguranças. Entristeço-me ao ver pessoas presas a cargas tão pesadas de rótulos que elas mesmas acumulam sobre si que acabam sufocadas demais para crescer e explorar seu potencial. Eu a convido, portanto, a olhar sem medo para o seu espelho. O que ele reflete? Uma mulher que aceita dançar conforme a música e dizer "O mundo é assim mesmo", "Não adianta competir com quem chegou antes", "Meu destino não é fazer sucesso", ou aquela que tem sonhos, ambições, metas e sabedoria suficientes para não se deixar ofuscar nem abater? Se estiver disposta a ultrapassar seus limites, neutralize desde já essas objeções! Esqueça as lamentações, arranque os estereótipos e lugares-comuns estabelecidos dentro da empresa em que você trabalha ou infligidos pela sociedade. Seja porque você é jovem, seja porque tem uma condição cultural ou econômica diferente dos demais, seja porque ainda precisa aprender mais, não importa o que teimam em colar em seu crachá. Ao ler este livro, espero que você se prontifique a assumir uma postura vitoriosa e, sobretudo, que se torne uma mulher forte e incansável, como, trabalhando duro, eu me tornei.

Antes, no entanto, que você pense que cheguei a estas conclusões e escolhi esse caminho sozinha, preciso adiantar que não foi bem assim. Esse protagonismo que sempre fluiu de maneira natural é fruto da criação que recebi. Se você é mãe, saiba que esses dois caminhos que descrevi ao longo deste capítulo devem ser apresentados por você aos seus filhos desde muito cedo.

Embora eu seja a filha única que foi esperada e planejada por mais de dez anos pelos meus pais, não cresci cercada por uma redoma de superproteção. Por mais que eu tenha nascido em uma família com boa condição financeira, cresci sabendo que o mundo poderia ser meu se eu batalhasse com afinco por ele. E que, se eu quisesse viver uma vida financeira confortável, teria de trabalhar duro por isso.

Não fui criada para ser uma princesa. Fui criada para ser uma guerreira. Desde pequena, meus pais deixaram claro para mim que sentar em desculpas, rótulos ou estatísticas em nada me ajudaria. Eles me ensinaram que eu tinha, dentro de mim, força suficiente para mudar paradigmas e para fazer de cada desafio ou dificuldade o degrau para minha subida até o patamar em que eu desejasse estar. Portanto, neste momento, convido você a respirar fundo, ampliar seu fôlego e mirar o topo.

MULHERES AMBICIOSAS CHEGAM AO TOPO

Você já parou para pensar por que razão a ambição feminina é tão criticada? Por que você não pode querer mais? Toda mulher não só pode como deve ambicionar a independência financeira. Deve ambicionar ter seu primeiro milhão de reais. Por que não? Sinto pavor só de imaginar que um dia poderei depender financeiramente de alguém. Conquistei minha independência bastante jovem, aos 22 anos, seis anos depois de ter iniciado minha jornada profissional. Eu sempre tive por preceito poupar 50% de tudo o que ganho e viver com a metade restante. Assim, ao me casar, eu já tinha conseguido fazer uma poupança pessoal e mantenho esse espírito poupador até hoje. Economizar não é simplesmente uma questão econômica, e sim um mecanismo capaz de conferir mais independência e proporcionar a realização de sonhos.

***

Infelizmente, ainda sinto fortemente o receio por parte de algumas mulheres em demonstrar sua ambição. Elas dizem: "Preciso pedir isso ou aquilo ao meu pai", "Preciso perguntar ao meu marido..." Ouvir frases desse tipo me provoca calafrios. E deveria provocar em você também. Veja bem: a insegurança está intimamente relacionada à falta de autoconfiança. Se você precisa da aprovação ou da autorização de alguém, seja para fazer as unhas, seja para comprar uma bolsa, vai precisar também de permissão para ser quem você é. Entende como isso é um círculo vicioso? Comece, então, a pensar que você é capaz de cuidar de si mesma, de buscar o que deseja, de ter sua independência financeira, de se dar bem no mercado de trabalho e de dar conta de todos os seus papéis. A ambição está muito mais relacionada à forma como você se comporta e como protagoniza sua vida do que em focar simplesmente na conquista de bens materiais. Para vencer, você não precisa de ninguém além de si mesma.

Sempre me vi como alguém que quer bem mais do que os padrões impostos pelo mercado de trabalho. Desde muito jovem, tive a certeza de que estaria disposta a assumir quaisquer desafios que fossem fundamentais para alcançar minhas metas. Em outras palavras, nunca tive medo de assumir ser ambiciosa. Decidi trabalhar desde cedo para construir minha independência financeira e bancar minhas decisões, sendo a dona do meu próprio nariz. Assim, ainda adolescente, comecei a estagiar na Kopenhagen.

Minha história profissional começou em 1996. Naquele ano, meu pai, o empresário Celso Ricardo de Moraes, que sempre foi meu modelo e mentor, comprou a Kopenhagen, marca fundada em 1928 por um casal de imigrantes da Letônia radicado em São Paulo. Na capital paulista, eles deram início ao negócio, vendendo marzipã.

Quando meu pai adquiriu a empresa, no entanto, seu foco ainda era a rede de laboratórios Virtus, fabricante de medicamentos. Depois de dois anos, ele continuava dividindo seu tempo entre as duas empresas. Meus pais já estavam divorciados e enxerguei uma oportunidade de passar mais tempo ao lado dele, aprender com sua experiência e ganhar o meu próprio dinheiro.

Sempre vi em meu pai uma espécie de super-herói dos negócios. Ele sempre foi criativo, versátil, perspicaz e com uma visão de futuro apuradíssima. Como empresário, soube, como poucos, se destacar em uma reunião. O que ninguém sabia, mas eu sempre observei muito de perto, era o quanto meu pai se preparava antes de cada uma dessas ocasiões. Sempre o observei estudando o mercado, conversando com clientes, consumindo avidamente informações que ele considerava vitais para a saúde do negócio.

Mesmo quando eu era criança, ouvia meu pai conversar com minha mãe sobre o trabalho e era impossível não notar sua vivacidade e o brilho em seu olhar. Era nítida a paixão com a qual ele falava e percebi, desde muito nova, que era esse mesmo tipo de paixão que eu queria para a minha vida. Assim como ele, eu desejava experimentar essa paixão avassaladora por minha carreira, queria aprender com ele, tê-lo como mentor. Contudo, eu conhecia também o lado exigente de meu pai. Eu sabia perfeitamente que não contaria com privilégios por ser sua filha. Ao contrário. Ele cobraria mais de mim do que de qualquer outro colaborador, para que eu desenvolvesse minha própria identidade profissional e viesse a somar com ele nas diferenças e na juventude, criando meu próprio protagonismo.

Lembro-me de que, quando chamei meu pai para conversar e lhe relatei meu desejo de ingressar na Kopenhagen, ele respondeu: "Renata, você está realmente ciente das responsabilidades que deseja abraçar? Porque você vai precisar abrir mão de muitas coisas".

Meu pai estava certo. De fato, eu não tive uma juventude padrão, no sentido de ir para as baladas próprias da idade, ou de ficar de papo para o ar durante as férias, como muitos de meus colegas do colégio. Toda escolha apresenta ônus e bônus. Porém, eu sabia que, mesmo correndo todos os riscos, assumir aquele peso prematuramente era o que eu realmente queria para minha vida. Então, olhei nos olhos do meu pai e jurei a mim mesma que faria tudo o que fosse preciso para merecer a chance que ele estava disposto a conceder. Eu me vesti para a luta e prossegui, ciente de que eu teria uma longa estrada de aprendizados pela frente. E eu estava ávida para receber cada uma das lições que aprendi pelo trajeto.

Considero importante relatar um pouco de minha jornada para que você não apenas se inspire a desenvolver a sua própria rota, mas também compreenda que, como eu previa, enfrentei vários desafios nessa ascensão ao posto que hoje ocupo. Aliás, eu os enfrento até hoje, mais de 25 anos depois de ter iniciado essa louca e prazerosa viagem.

O primeiro desafio, naturalmente, foi a desconfiança. Justamente por ser a empresa de meu pai, a primeira relação que as pessoas enxergavam era o meu papel como herdeira, e não como uma jovem aplicada e ambiciosa, sedenta por caminhar com os próprios pés e disposta a aprender com humildade. Quando pedi a chance de ingressar na companhia, no entanto, não esperava nenhum favorecimento especial. Não era o pedido de uma filha, e sim o de uma jovem estudante que desejava fazer carreira dentro de uma grande organização, assim como eu sabia que dentro da Kopenhagen não teria um pai, mas um gestor, dos mais exigentes – e, também, dos mais justos. Em pouco tempo na companhia, eu já havia desenvolvido objetivos bastante claros: crescer, contribuir com boas sugestões e oferecer resultados efetivos. Almejava quebrar paradigmas, ou seja, trazer para a organização um novo formato de gestão e ampliar as possibilidades de atuação de uma marca icônica como era a Kopenhagen.

Meu pai sempre foi uma pessoa muito rígida, correta, e eu sabia que não seria diferente dentro da empresa por ser sua filha. Mesmo tendo sido aquele bebê muito esperado, que chegou após dez anos de casamento, não recebi qualquer facilidade ou deferência especial dentro de casa, muito menos na empresa. Agradeço aos meus pais por isso, pois eles me permitiram ser uma pessoa resiliente e incansável na busca por meus objetivos. Não tive moleza, por assim dizer, mas sempre contei com um ambiente acolhedor e o respaldo necessário para me expressar livremente, com autonomia para acertar ou para errar.

Como qualquer outro jovem, comecei a trabalhar no papel de estagiária, com dias e horários fixos a cumprir. Eu adorava cada dia no trabalho e queria aprender depressa. Meus olhos brilhavam por estar ali, ao lado de quem sabia o que fazer. Eu me dividia entre o colégio e a presença em reuniões, como ouvinte, mesmo sem ainda compreender todos os aspectos que faziam parte da administração de uma grande companhia. Naquelas ocasiões, eu costumava tomar nota de tudo. Empenhava-me em entender o foco das conversas, prestava atenção às argumentações apresentadas pelos diretores, familiarizava-me com as expressões e os jargões próprios do negócio. Enfim, procurava ligar os pontos entre um departamento e outro dentro da companhia para enxergar o seu todo. Quando eu não conseguia alcançar um completo entendimento, buscava orientação com colaboradores experientes e fazia muitas perguntas a todos aqueles que estivessem dispostos a ensinar. Na etapa seguinte, comecei a fazer duas faculdades simultaneamente: Administração de Empresas pela manhã, Publicidade e Marketing à noite. Era exaustivo, mas eu equilibrava meu tempo entre as obrigações corporativas e as acadêmicas, sem reclamar. Quando me formei, aos 21 anos, gradativamente fui ganhando mais experiência e responsabilidades dentro do grupo. Também optei por buscar tutores externos, que muito me assistiram em todas as etapas do caminho e a quem sou muito grata.

Meu segredo, por assim dizer, foi transformar cada pequena oportunidade, ou mesmo dificuldade, em uma necessidade pessoal e inegociável de crescimento. Em momento algum pensei em desistir, mesmo quando precisava dormir pouco para estudar para as provas, ou estar em uma reunião importante na manhã seguinte. Ser resiliente, mostrar-me disponível para arregaçar as mangas, sem medo de me entregar por completo àquele objetivo, fazia todo o sentido porque era o que eu de fato queria para minha vida. Aprendi que assumir um cargo executivo significa, até hoje, estar comprometida com os resultados da companhia do começo ao fim. Acordar e dormir pensando em como maximizar resultados, em como fazer com que os seus colaboradores apresentem tudo que eles podem entregar de melhor. Representa, enfim, estar à frente do seu tempo, e o tempo todo ser incansável.

Aos poucos, conquistei um espaço maior, em cargos de gerência e de diretoria. Meu grande salto aconteceu quase uma década depois de ingressar na companhia, quando eu já ocupava o cargo de diretora comercial e de marketing. Comecei a trabalhar na criação de uma nova marca, a Chocolates Brasil Cacau, um projeto bastante desafiador e uma proposta pessoal. Entendia que Kopenhagen era uma marca, e não uma empresa. Portanto, seria possível trazer para o portfólio do grupo outras marcas e ampliar nossa forma de atuação em um mercado em expansão. Depois de assimilar essa realidade, precisei transmitir essa nova percepção para toda a organização. Era uma mudança de cultura que demandou bastante empenho de minha parte. Foram anos muito intensos, mas gratificantes.

Evidentemente, houve renúncias ao longo do caminho. Não tive uma adolescência comum, por exemplo. Como já relatei, não tinha tempo para festas ou para ficar com as amigas em situações típicas dessa faixa etária. Vivi uma juventude de muitas privações e com compromissos que até mesmo diversos adultos podem considerar onerosos, com pouco tempo para o lazer. Esse descompasso que eu mesma escolhi me fez amadurecer muito rápido. Hoje, no entanto, ao colocar os prós e os contras na balança, admito que faria tudo de novo. Independentemente de sua idade, tenho certeza de que você vai se deparar com uma série de situações tão adversas que, muitas vezes, a farão pensar em desistir. Em momentos assim, você precisa se voltar ao seu objetivo inicial. Se ele for claro e alcançável, se você reconhecer as habilidades que possui e aquelas que necessita aprimorar, se estiver disposta a desafiar limites e a derrubar antigos conceitos, você decidirá persistir. Você vai escolher insistir porque sua alma pedirá por isso. Essa escolha será, portanto, uma obrigação para consigo mesma, com o seu "eu" mais profundo. Você jamais deve se render às estatísticas que insistem em situá-la no papel de perdedora. Seja aquele ponto fora da curva. Lembre-se de que a ambição é um predicado, não um defeito. Ambicione sem medo!

QUEBRANDO O RÓTULO: NUNCA SE ALIE AO SEU POTENCIAL CONCORRENTE

Depois de ter expandido 230 franquias da Chocolates Brasil Cacau, em 2013, e de estruturar a *joint venture* com a empresa suíça Lindt, em 2014, a fim de operar a marca no Brasil, eu já tinha desenvolvido uma visão perfeitamente clara de quem são os profissionais indispensáveis e imprescindíveis no mercado de trabalho. Digo a você, com bastante certeza, que se trata daqueles que possuem visão sistêmica ampliada. Em outras palavras, são aqueles que não se contentam somente em ser especialistas, em fazer o que quer que seja extremamente bem, sem entender a totalidade do negócio. Até hoje, foco a minha energia como CEO em estabelecer uma cultura de aprendizado dentro da organização, para que outras pessoas tenham as mesmas oportunidades que eu tive para compreender o negócio globalmente e desenvolver um lado intraempreendedor. Isso significa, na prática, dominar a habilidade de empreender dentro das fronteiras da organização já estabelecida e, por conseguinte, crescer junto com ela. Lembre-se: qualquer que seja sua área de atuação, você pode alcançar cargos mais altos se agir de maneira proativa, se enxergar novas possibilidades e alternativas de crescimento e, principalmente, se deixar claro de que maneira você pode colaborar para isso. O fato de ser mulher não a impede de sonhar grande nem de empreender com absoluto sucesso. Não tira de você o direito de alçar voos elevados, pois não existem limites nem fronteiras. Ou, como gosto de afirmar, e falarei a respeito um pouco mais adiante, os limites não são limitantes.

Agora, quando olho para trás e vejo resultados concretos e meu caminho pavimentado, posso afirmar com todas as letras que você não precisa se preocupar com os rótulos, sejam eles quais forem: de cargo, de gênero, de faixa etária, qualquer coisa. Eu mesma aprendi, desde o começo, a como me blindar contra julgamentos, preconceitos e desconfianças inerentes a qualquer organização. Sempre tive em mente que, se eu deixasse de ser a melhor pessoa para assumir determinada posição, seria a primeira a dizer: "Vamos colocar alguém melhor do que eu para fazer o trabalho". Atualmente, na posição de CEO do Grupo CRM, que detém as marcas

Kopenhagen, Chocolates Brasil Cacau e Kop Koffee, com mais de 850 lojas espalhadas pelo Brasil, sou a responsável por todo o plano de crescimento da companhia. Exerço, diariamente, uma atitude de autocrítica que me permite dizer: "Sim, eu sou a melhor pessoa para exercer esta posição". Carrego esse mesmo pensamento até hoje. Por mais que pareça um raciocínio radical, é justamente essa certeza que me desafia e me faz querer, sempre, me superar.

Sei que sou muito crítica comigo mesma. Nunca tive rede de proteção dentro de casa ou dentro da empresa. Justamente por isso, quando me proponho a fazer qualquer coisa, se eu não for a melhor pessoa para realizar determinada meta, sou a primeira a recuar. Não vou esperar o problema acontecer para, somente depois, tomar uma providência. Assumir uma postura autocrítica pode ser muito bom. Jamais espere uma devolutiva ruim ou negativa. Você mesma pode realizar uma autoavaliação e dizer: "Isso não está bom. Dá para melhorar". É essa atitude de autoanálise e de perseverança que você necessita cultivar em si mesma para superar os obstáculos que certamente surgirão. Blindar a si mesma contra a insegurança e as críticas externas por meio do autoconhecimento é fundamental para o sucesso. Não aquele tipo de êxito que o meio social determinou para você, ou para outros milhões de mulheres que diariamente labutam pela sobrevivência e pelo desejo de realização, e sim aquele pódio vitorioso que você viu refletido ao mirar-se em seu próprio espelho.

LEMBRE-SE DE QUE A AMBIÇÃO É UM PREDICADO, NÃO UM DEFEITO.

2

PERMITA-SE BRILHAR EM MEIO À ESCURIDÃO

Possuo uma forte convicção sobre as quatro características que podem fazer de nós, mulheres, profissionais ou empreendedoras vitoriosas. São atributos que você deve desenvolver ou despertar dentro de si na busca pela igualdade de oportunidades, além, claro, de trabalhar sua autoconfiança e acabar com a autossabotagem. Ao exercitar esses atributos, você mudará não apenas a imagem que faz de si mesma, mas também a maneira como é vista dentro da companhia, ou em qualquer que seja o seu contexto profissional.

A PRIMEIRA PARTICULARIDADE VENCEDORA É SER UMA MULHER DESAPEGADA DOS RÓTULOS

Reiteramos aquilo que dissemos no capítulo anterior. Isso vale tanto para aqueles rótulos que você cola em si mesma como para aqueles jogados no seu colo por outras pessoas. O simples fato de "ser mulher" é um dos mais frequentes. Especialmente ser mulher no universo dos negócios ou em posições de liderança. Nesse sentido, desde muito cedo entendi que eu possuía apenas duas escolhas: ou gastava energia tentando neutralizar o que as pessoas pensavam a meu respeito, ou empregava a mesma força para absorver os ensinamentos e conhecimentos de que precisava. Parei de me preocupar com a opinião dos outros muito rapidamente. Os decalques sociais nunca me paralisaram, pois não permiti que eles se perpetuassem sobre a minha pele, especialmente os rótulos de gênero. Devemos lutar bravamente para desconstruir essa questão tão ultrapassada. Pessoas são pessoas, sejam elas homens ou mulheres. Quanto mais cedo deixarmos essa divisão de lado, mais depressa poderemos usar nossa energia para prosperar como sociedade.

Naturalmente, não se pode negligenciar o fato de que as mulheres passam por catracas muito mais estreitas e por situações desafiadoras a serem combatidas. Todavia, justamente por serem circunstâncias bastante complexas, sua forma de atuação profissional precisa ser refinada por intermédio dos obstáculos. Costumo dizer que os bons marinheiros não se fazem em mar calmo. Isso significa que é em meio às tempestades que aprendemos como remar melhor e nos transformamos em experts na arte da superação. A mulher tem essa pujança em tudo o que ela incorpora, em tudo sobre o que se debruça, e agora começa a ser mais estimulada a protagonizar dentro de ambientes tremendamente adversos. Sem enfrentar grandes desafios, não nos desenvolvemos nem deixamos claro tudo de que realmente somos capazes.

Aprendi, no entanto, a fazer de minhas características femininas uma ferramenta eficaz para aprimorar ideias e viabilizar sucessos. Se algum dia fui subestimada ou preterida por ser mulher, confesso não ter reparado. Não porque eu não me mantenha sempre atenta a esses movimentos, e sim por nunca ter me apoiado em preconceitos para me fixar em um processo de vitimização. Sim, os preconceitos existem, mas não devem ser motivo suficientemente forte para fazer você recuar em suas iniciativas rumo à realização pessoal e profissional. No meu caso, sempre busquei, nos números e nos resultados de minhas ações, as argumentações necessárias para dissipar qualquer dúvida a respeito de minha competência e de meu desempenho dentro da organização. Em última análise, fiz da minha condição de mulher um privilégio. Em vez de uma brecha para permitir que duvidassem de minha capacidade ou força de vontade, fiz da condição feminina um ponto forte a ser explorado ao máximo. Você deve fazer o mesmo.

Vou dar um exemplo. Mulheres muitas vezes são passionais e instintivas. Costumo dizer que eu sou feita totalmente desse tecido. Ao longo de meus anos de estrada, afiei essas duas características para poder, a cada dia, ser mais apaixonada e entregue a tudo o que realizo e empreendo. Utilizar a intuição de maneira assertiva não significa, em absoluto, se deixar levar por crendices ou por fantasias, tampouco dar um salto no escuro. Se meu sexto sentido me diz "faça", primeiramente eu traço um plano estratégico, avalio os caminhos possíveis e as rotas mais seguras. Em seguida, movida pela paixão, engato a primeira marcha para seguir em frente de maneira incansável, com foco e determinação. Veja que não se trata de apostar com a sorte, e sim de conhecer tão bem a si mesma, os seus pontos fortes e fracos, bem como o cenário e os recursos disponíveis, para dar o passo com segurança. Quanto mais você exercitar o planejamento, mais sua intuição se habituará a orientá-la em direção ao resultado ideal.

No Grupo CRM, eu estimulo a meritocracia. É a capacidade de trabalho e a entrega de resultados que ditam o valor de um profissional. Considero fundamental ter a consciência de que as pessoas devem ser tratadas e respeitadas por sua competência e pelo que podem oferecer, independentemente de serem homens ou mulheres. Como líder, busco enaltecer e combinar as características de cada um em prol de nossas marcas. Conto com um time heterogêneo em todos os aspectos: expertises, habilidades, perfis – e, claro, tenho homens e mulheres supercompetentes que embarcam em minhas ideias, aprimorando-as, e juntos estamos sempre um passo à frente.

Também não estou sozinha, como mulher, em um cargo de relevância dentro do Grupo CRM. Temos outras mulheres em posições estratégicas, tanto na Kopenhagen como na Chocolates Brasil Cacau. Uma delas é Maricy Gattai Porto, diretora-executiva da marca

Kopenhagen, que, assim como eu mesma e o restante do time, também possui chocolate correndo nas veias e muito tem somado ao sucesso do nosso negócio.

O "tempo de casa" também é um rótulo corriqueiro dentro das organizações e pode enfraquecer você. Muita gente diz: "Estou aqui há dois, três anos e nunca tive uma oportunidade de crescer". Mas, espere: como você está construindo essa oportunidade? Será que está realmente se colocando de uma forma que inspire as pessoas a pensar em seu nome quando surgir uma nova oportunidade? Quando você diz "Eu não tenho chances de promoção porque tenho apenas seis meses de empresa", ou "Eu não tenho experiência suficiente para exercer tal função", entra na luta em desvantagem. Blinde-se contra essas posições se realmente quiser enxergar todas as oportunidades que tem para vencer. Seja uma mulher *label-free*.

A SEGUNDA CARACTERÍSTICA ADMIRÁVEL NAS MULHERES QUE ENXERGAM O MERCADO DE TRABALHO COMO UM CAMPO DE VITÓRIAS, E NÃO DE FRACASSOS, É O FOCO

Diferentemente do que se possa imaginar, "foco" não significa fazer apenas uma coisa de cada vez. É obter e alcançar efetividade mesmo precisando dar conta de múltiplas tarefas, concentrando-se bem em cada uma delas. Mulheres são bastante exigidas não apenas no trabalho, mas em múltiplas demandas. Eu mesma sou uma delas e procuro explorar ao máximo o poder de concentração em meu dia a dia. Precisamos dar conta de casa, de filho, de trabalho, de vida social, e tudo isso mantendo a plenitude a cada passo em cima do salto. Não é fácil, porém inteiramente possível com treinamento. Essa habilidade, se bem administrada, permite a você estar sempre um passo à frente nos seus planos e projetos, além de impulsioná-la a buscar diferentes caminhos e soluções.

A disciplina é o fator que determina se o seu foco estará apurado ou não. Muitas pessoas perdem o foco na realização de tarefas porque não conhecem os caminhos para resolvê-las. Conhecimento é a chave para mudar isso. Quanto mais você se prepara, mais facilmente enxerga o que deve fazer e como fazer. Outro ponto importante é manter uma agenda atualizada e ser fiel a ela. Optei, por exemplo, por não ter um secretário. Eu mesma faço meus agendamentos e raramente realizo alterações. Costumo antecipar as interrupções antes de iniciar uma tarefa ou uma reunião, por exemplo. E encerro as sessões sempre no horário determinado, mesmo que, para isso, seja necessário realizar um novo agendamento. A falta de organização pode gerar o caos e, com ele, a perda de foco. Pessoas organizadas não se esquecem das coisas, não perdem tempo com retrabalho e conseguem se manter concentradas nas tarefas à sua frente. Você pode desenvolver rotinas mais eficientes com determinação e mudança de hábitos. Aos poucos, a disciplina vai educando as pessoas ao seu redor, além de educar você mesma.

A TERCEIRA CARACTERÍSTICA QUE CONVIDO VOCÊ A DESENVOLVER É SUA ESCUTA ATIVA. EXISTE UMA DIFERENÇA FUNDAMENTAL ENTRE OUVIR E ESCUTAR

Ouvir é um ato mecânico. Ouvimos, automaticamente, milhares de sons todos os dias. São poucos, no entanto, aqueles que fazem sentido. Acredite: para ser uma líder transformadora, que garimpa oportunidades, é preciso mais do que ouvir. É necessário escutar. E escutar significa prestar atenção. Escutar ativamente quem está à nossa volta é uma fonte inesgotável de aprendizados e eu sou apaixonada por isso. Gosto de ser acessível, gosto de estar no meio das pessoas e me sentir impactada com diferentes tipos de interação. Vou para as lojas e escuto os colaboradores e a opinião dos consumidores. Raramente eles sabem quem eu sou. A bem da verdade, a função que ocupo na companhia é absolutamente irrelevante diante da troca riquíssima que existe em uma boa conversa com um time de loja ou com um cliente que acaba de adquirir um produto de uma de minhas marcas. Quando converso com essas pessoas, eu realmente paro para escutar. Interajo com elas. Analiso o que elas disseram. Aprendi que muitas vezes os grandes *insights* vêm das fontes mais improváveis.

Comecei a desenvolver essa ferramenta tão importante como forma de tornar os diálogos mais eficientes. Com base na plena dedicação para ouvir e compreender o que o outro tem a dizer, a escuta ativa permite que você absorva, de fato, o conteúdo da fala do seu interlocutor. Até hoje, esse comportamento é o que mais me auxilia na ampliação de minha visão sistêmica. Desde que comecei a trabalhar, passava muito tempo em reuniões densas, sobre temas que eu desconhecia por completo. Eram reuniões dos departamentos jurídico, fiscal, de marketing, de vendas... Todas bastante estratégicas. Meu pai dizia: "Você não vai entender nada, mas sente aí e ouça". Atualmente, é muito difícil encontrar um profissional que saiba, de fato, escutar. Costumo dizer a meus colaboradores e digo também a você: aprenda a escutar. Você estará absorvendo conhecimento. Eu passava quatro ou cinco horas do expediente apenas ouvindo. Fazia anotações, sentava-me com as pessoas para esclarecer dúvidas, tinha curiosidade em aprender. Tudo isso é fundamental para que você desenvolva a sua visão sistêmica.

Também costumo dizer que não é vergonha nenhuma solicitar ajuda. Reconhecer o *gap*, a sua lacuna. Em outras palavras, é importante ter humildade. Humildade para se conscientizar de que ninguém faz nada sozinho, para admitir que não sabe como resolver um problema e que precisa de ajuda. Humildade para compreender que, muitas vezes, as tentativas fracassadas podem ser o reflexo de nosso próprio ego. Eu não tenho dúvida a esse respeito, e você

PARA SER UMA LÍDER TRANSFORMADORA, QUE GARIMPA OPORTUNIDADES, É PRECISO MAIS DO QUE OUVIR.

também não deveria ter. Somar expertises, experiências, é a maneira mais fácil de avançar os ponteiros rapidamente.

A QUARTA CARACTERÍSTICA QUE ADMIRO EM BOAS PROFISSIONAIS É A CAPACIDADE DE INOVAR

Com frequência, inovar significa recriar. A mulher tem a capacidade de se reinventar várias vezes ao dia e colocar essa habilidade a serviço de uma ideia. Isso é, no mínimo, sensacional. Assumir um posicionamento disruptivo pode significar, muitas vezes, fazer uma escolha difícil entre ouvir o conselho dos mais experientes ou seguir sua intuição. Você não pode ser imprudente e ignorar todos os conselhos que recebe, mas pense também no valor que desenvolver algo novo – e acertar – traria para seu currículo ou negócio.

Costumo dizer que onde estão os grandes problemas estão as grandes oportunidades. Como a crise provocada pela pandemia de Covid-19 tomou o mercado muito rapidamente, foi preciso agir com velocidade. Com mais de 850 lojas físicas da Kopenhagen e apostando na experiência presencial do consumidor, percebi que não poderia negar a crise. Ou enfrentava aquele fato brutal ou aquele fato brutal nos derrotaria. Assim, a solução que encontrei foi criar um comitê de crise. Após estabelecer uma série de prioridades, começamos a ajudar os franqueados com sistemas de delivery. A adaptação ao e-commerce não foi fácil. A empresa precisou se preparar para atender a centenas de milhares de consumidores no ambiente on-line. Mas, com comunicação eficiente, objetivos claros e adaptação rápida, o Grupo CRM foi capaz de vender 95% de seus produtos da Páscoa. No começo da crise, a empresa acreditava que o resultado final seria um giro de apenas 40%. Inovar, portanto, é fundamental. Falarei mais sobre esse tema posteriormente. O importante é ter em mente que ideias relevantes devem ser testadas, ainda que o resultado mais provável não seja o sucesso.

Tenha certeza de que você aprenderá muito nesse processo e que as profissionais dispostas a "pensar fora da caixa" nunca passam despercebidas pelo mercado.

Lembre-se: a maneira como você se apresenta inspira confiança. A maneira como você se coloca constrói um novo olhar e uma nova perspectiva sobre aquilo que você está fazendo.

3

LIMITES NÃO SÃO LIMITANTES

Mesmo que você faça tudo certo, a vida vai confrontá-la com limites. Faz parte do jogo. Quando isso acontecer, você terá duas alternativas: entender que, de fato, aquele limite é intransponível ou acreditar que ele, na verdade, não é limitante. Da maneira como entendo, determinados muros devem estimular sua ambição e sua vontade de ir além, e não bloqueá-las. Lembre-se de que vencer desafios faz parte da vida de todos. Não importa quanto dinheiro ou poder você tenha, os desafios estarão sempre batendo à porta e esperando para ver qual será a sua atitude, ser protagonista ou ser vitimista. Quem é resiliente, movida a desafios, apaixonada por recomeços, torna-se incansável. E toda mulher incansável aprende, mais cedo ou mais tarde, que resultados surpreendentes só acontecem fora da zona de conforto.

A curiosidade de ultrapassar fronteiras e a ambição de sempre vislumbrar além dos limites é que favorecem a construção da história e do caminho da mulher precursora, aquela que desbrava caminhos. É importante que você tenha essa questão bastante clara. Pergunte-se: você quer ser uma "precursora", alguém que se arrisca, que se interpõe às dificuldades, se alimenta de desafios e chega sempre à frente em seu segmento? Está disposta a criar novas categorias, desenvolver sucessos e ditar as regras do jogo? Ou, em vez disso, você quer ser uma "percussora", aquela que apenas repercute ideias alheias, percorre os caminhos já desbravados por outras, que joga pelo seguro, e que até pode fazer bastante sucesso, mas que nunca vai poder bater no peito e dizer, com orgulho, ser a dona do território? Aquela que, quando era "tudo mato", foi lá, limpou a área, terraplanou e plantou suas sementes. Observe como a grafia dessas duas palavras, tão parecidas, pode virar o jogo!

Quando o desafio deixa de ser um problema e passa a ser uma motivação, o antigo limite passa a ser uma possibilidade de crescimento real. E, quando isso acontece, você deixa de se preocupar com os rótulos que o mercado tenta colar em você ou em seu produto. Ao produzir seus planos e conceitos e estabelecer seu nome ou sua marca, você não deve se esquecer de blindá-los contra verdades que não são as suas, ou que não correspondem ao que você espera para o futuro. Isso não significa, absolutamente, ignorar o que dizem. Alertas são importantes. Significa, sim, filtrar o que é dito para que você possa saber se aquilo tem fundamento. Se tiver, é preciso mudar e agir com rapidez. Caso contrário, se forem apenas palavras ao vento, acelere com confiança em direção ao seu futuro. Saiba exatamente o lugar e o estágio em que você se encontra. Crie uma nuvem de palavras que a definam, mas que não a limitem. E determine o que é dispensável e o que é essencial para a imagem que você deseja transmitir ao mundo.

Eu escolhi ser uma mulher precursora. O Grupo CRM é igualmente "precursor". Os concorrentes vêm na cola, sendo "percussores" de um caminho que nós estabelecemos, alimentando-se dos frutos das sementes que são nossas, usufruindo das benesses que nós criamos. A Kopenhagen, por exemplo, foi a primeira marca de chocolates a lançar ovos de Páscoa em caixas de presente. Outra iniciativa precursora foi a associação de um espaço de café ao do chocolate. Mais recentemente, desenvolvemos o primeiro e-commerce *omnichannel* de chocolates, o que se traduz na integração das lojas físicas às virtuais, de modo a permitir ao consumidor explorar todas as possibilidades de interação com a marca.

Neste ponto, você pode sentir vontade de perguntar: "Mas você sempre teve certeza de que estava no caminho certo?". Claro que não! As dúvidas e as probabilidades fazem parte da viagem, contudo o que sempre me moveu e sempre tive ao meu lado foi o faro. Apurei o meu ao longo do tempo, além de desenvolver minhas convicções, sempre baseadas no conhecimento. Esse conjunto de fatores me fizeram rumar por estradas nada óbvias, mas tremendamente promissoras. As dúvidas foram cedendo espaço às certezas. É isso que espero que aconteça com você. Alie-se ao tempo, não lute contra ele. Crie suas fortalezas e delas faça uma fonte inesgotável de energia para subsidiar seu processo criativo e de inovação profissional.

Lembra-se de como surge uma borboleta? Mantenha em mente que você construiu, até agora, um casulo, uma base sólida, para a sua transformação. Isso é o que faz de você, na condição de lagarta, vislumbrar seus caminhos quando chegar à fase de sair do casulo e se tornar uma borboleta. Assim, de transformação em transformação, de tijolo em tijolo, construirá os pilares para o futuro que você almeja. É nessa capacidade de mutação, de metamorfose, que reside a inteligência para criar soluções, conquistar e manter o sucesso. Quem aprendeu a se transformar sabe que a dificuldade está na escolha dos caminhos para seguir em frente. A lagarta se arrasta, se alimenta, cria asas e deixa sua antiga casa. Ela se transforma em borboleta e tudo o que conhece sobre o mundo, as ferramentas de que dispunha antes para explorar o território, de pouco valem quando ela ganha asas. Então, ela precisa novamente escolher os caminhos certos, aprender a voar, a fugir dos caçadores que querem capturar sua beleza única, para então conseguir cumprir a sua trajetória. A mulher precursora aprende depressa que o caminho é forjado na ambição de se criar metamorfoses, pois as mudanças são positivas e necessárias.

Eu sei que, no dia a dia, mais do que vencer os desafios externos, precisamos travar uma luta contra nós mesmas para conseguir lidar com as mudanças de rotas, com a ansiedade e com a insegurança diante de tantos obstáculos inéditos que acabamos por enfrentar.

Para vencer desafios, é preciso se apaixonar por eles. Essa paixão irá motivá-la a se aprimorar, a buscar caminhos, a garimpar soluções, a pavimentar uma jornada vitoriosa e seguir adiante, e com a autocritica apurada, para que possa sempre se questionar se você é ou não a melhor pessoa para estar à frente daquele cargo ou daquela companhia. Eu me faço essa pergunta todos os dias. Se, em algum momento, entender que não sou eu quem deve conduzir a empresa diante de algum desafio, serei a primeira a pedir para sair.

Para que siga firme, confiante e vencedora, quero que enxergue diariamente o quanto você tem sido gigante no desenvolvimento de seu trabalho. O quanto tem sido resiliente e um canal ativo de transformação e de avanço, seja para a empresa em que atua ou para o negócio que empreende. Diante desse autorreconhecimento, perceberá como seu ânimo vai mudar e se surpreenderá com tudo o que já realizou. Pode encarar o futuro, porque fez o melhor no passado. Você poderá bater no peito e dizer bem alto para os outros e para si mesma: "Limites não são limitantes, pois sou eu quem decide aonde desejo chegar".

REVISITE O SEU PASSADO, MAS NÃO REPRISE OS ERROS COMETIDOS

Não basta olhar para a frente. O que passou precisa deixar lições e aprendizados. Os erros devem nos ensinar, e, para aprendermos com eles, é necessário que tenham sido cometidos. Contudo, os malfeitos jamais devem ser repetidos. Você precisa ter a consciên-

A CURIOSIDADE
DE ULTRAPASSAR
FRONTEIRAS E A
AMBIÇÃO DE SEMPRE
VISLUMBRAR
ALÉM DOS LIMITES
É QUE PERMEIAM
A CONSTRUÇÃO
DA HISTÓRIA E DO
CAMINHO DA MULHER
PRECURSORA.

cia absoluta de suas capacidades e, na mesma medida, de suas incapacidades. Nunca para que elas sirvam como desculpas, mas para que sejam gatilhos para aprendizados e lições.

Nesse processo, ligar o botão da resiliência e enfrentar os desafios, transpor os limites e derrubar muros é fundamental para propiciar todos os acertos do futuro. Mesmo que você tenha um perfil perfeccionista, como o meu, uma coisa deve ficar clara: erros são importantes, até fundamentais. Contudo, eles devem ficar restritos ao passado. Repetir os mesmos equívocos é sinônimo de retrocesso. Você só tem o presente para agir. Presente é o tempo verbal de qualquer pessoa disposta a vencer. Não adianta usar frases como "se eu tivesse feito isso", "se minha escolha tivesse sido aquela", tudo isso é inútil. Depois de captar o erro em seu radar, a lição deve estar aprendida. Parta, então, para uma ação imediata, baseada em escolhas calculadas. Quem você será amanhã depende das escolhas e atitudes que tomará hoje. Em suma: perdoe-se pelos erros cometidos, mas não se permita reprisá-los.

Igualmente importante é gerenciar o tempo que você gasta lamentando o leite derramado. Se agiu e não deu certo, não pare além do necessário para analisar qual caminho você escolheu erroneamente. Apenas determine qual será a sua próxima rota e acelere. Não se demore lambendo as feridas. Levante e tente outra vez! Mas tente diferente, absorva os aprendizados, coloque-os em prática e persiga seu objetivo. Tente uma, duas, cem vezes. Apenas não repita os mesmos passos. Tenha a humildade de admitir que seu faro falhou, ou que tudo o que aprendeu ainda não é o suficiente. Às vezes, a ajuda que você pediu atrapalhou. Se foi esse o caso, troque de parceiro, ou busque de maneira diferente pela ajuda de que precisa. Assuma a sua parcela de culpa e recomece a caminhada.

Quanto mais você encontra desculpas para justificar um insucesso, mais deixa claro que ainda não é merecedora de alcançar a linha de chegada. Desafio não engole desculpas, muito menos se comove com lamentações. Desculpas e justificativas formam a dupla oficial do fracasso! O bom é que o tempo passa e permite novas chances de mudar as rotas. Principalmente, abre caminho para você mudar de atitude. Se hoje não deu certo, tente novamente amanhã, mas não se repita – reinvente-se. Não fique parada aguardando que as situações se acumulem a ponto de obscurecerem a sua visão de futuro. Seja multifocal. Isso significa resolver o que está próximo, sempre enxergando o que se encontra mais distante.

Outro fator importante na hora de vencer desafios é entender que podemos controlar o nosso tempo, mas não é possível descartar os processos necessários e acelerá-lo. "Dê tempo ao tempo" é uma citação clichê, assim como "na subida do Everest existem corpos de pessoas altamente motivadas". Para mim, essas duas citações se complementam. Com isso, quero dizer que não se deve agir precipitadamente em situações que pedem o amadurecimento de fatores fundamentais. A precipitação pode levar ao fracasso, e aguardar pelo momento certo é diferente de ficar parada, com os braços cruzados.

Bem sei que exercitar tudo isso não é fácil, especialmente para quem luta com a ansiedade. Contudo, é fundamental. Quantas vezes eu mesma tive de adiar um projeto porque sabia que não era o momento ideal para colocá-lo em prática? Quantas não foram as vezes, em minha carreira, em que precisei realizar o processo de tentativa e erro dezenas de vezes, até conseguir ter plena segurança para avançar? A verdade é que só vive o propósito quem suporta o processo.

Tudo isso que procuro ensinar neste livro eu aprendi nos últimos vinte e poucos anos de trabalho duro. Mas, veja: a jornada foi e continua intensa. Exige de mim forças praticamente inesgotáveis. No entanto, sei que não cheguei nem à metade da estrada que me levará aonde eu realmente desejo chegar. Não por vaidade, mas porque sei que cada real acrescentado ao faturamento da companhia gera uma roda de microeconomia que permite a ascensão de milhares de famílias. Significa a geração de muitos empregos, a criação de novos mercados e de muitas possibilidades. Representa que meus franqueados também vão crescer e fazer a roda girar. Eu puxo tantas pessoas comigo que isso me motiva diariamente a continuar errando, acertando, aprendendo, desaprendendo e reaprendendo, mas nunca a desistir. Sugiro que, neste momento, você pare para pensar sobre seus propósitos de vida. Faça uma lista de objetivos e pense por que deseja, de fato, alcançá-los. Releia cada item e agarre-se a eles todas as vezes em que encontrar limites ou desafios. Anote seus medos e maneiras de superá-los. Seja inquieta! Ouse! Não se acomode! Não seja como o músico de um sucesso só. Seja uma compositora de hits. Não permita que o mercado imponha limites aos seus sonhos. Inove sempre, mas nunca se esqueça do que a trouxe até aqui e do que vai ficar quando você se for.

Mantenha em mente que o passado é aprendizado, o presente é o tempo da ação e o futuro é totalmente dependente das escolhas que você fizer hoje.

MANTENHA EM MENTE QUE O PASSADO É APRENDIZADO, O PRESENTE É O TEMPO DA AÇÃO E O FUTURO É TOTALMENTE DEPENDENTE DAS ESCOLHAS QUE VOCÊ FIZER HOJE.

4

HAJA O QUE HOUVER, AJA!

No início dos anos 2000, a Kopenhagen estava envolvida em um importante processo de exportação de produtos para uma grande rede norte-americana de supermercados. Estávamos mais exatamente no meio dessa transição quando meu pai resolveu me alçar ao cargo de diretora de marketing da empresa. Posso dizer que esse foi aquele momento de "frio na barriga", talvez o primeiro. Tratava-se de uma função importante e estratégica, como é até hoje. Eu precisava estar preparada para corresponder às demandas do cargo e assumir grandes responsabilidades. Contou pontos para a decisão de meu pai a forma como, naquele momento, eu me postava diante da organização. Sim, eu estava disposta a abraçar novos desafios. E deixava isso bastante claro por meio de meu comportamento, de minha dedicação e de propostas assertivas. Como o então presidente da companhia, ele enxergou em mim a postura de uma profissional disponível, que o deixava seguro para bancar aquela escolha. Relato esta passagem tão emblemática em minha história para deixar a você esta lição: a maneira como você inspira confiança nas outras pessoas é o que faz toda a diferença.

O que você quer que aconteça? Inspire. Aonde você quer chegar? Inspire. Pense agora mesmo: como você se comporta frente àquilo que deseja? Como canaliza energia para conquistar o que quer? Digamos, por exemplo, que você precise que seus colaboradores estejam alinhados dentro de sua estratégia ou jeito de pensar. Se a forma como você se comporta diante daquela situação não é animadora, dificilmente conseguirá um bom resultado. Cada vez mais, líderes verdadeiras devem demonstrar mais atitude e menos discurso. No mundo corporativo, infelizmente, ainda vemos posturas muito institucionalizadas. Esse tipo de liderança não cabe mais no presente. Atualmente, o que importa é o quanto a Renata, a Luísa e a Joana inspiram outros a segui-las. O quanto sua presença e sua proximidade nas áreas em que deseja atuar fazem com que você consiga legitimar sua posição. Em síntese, a inspiração depende do seu exemplo. O que você faz para deixar claro o que realmente quer e o quanto você sustenta seu discurso no mundo real e prático? Cada vez mais, os líderes se sustentam por serem fontes de inspiração e por legitimarem suas posições por meio do agir. Ainda vejo muitas executivas e executivos caindo em contradição porque não conseguem sustentar, no dia a dia, nenhum de seus pontos de contato.

Tenho extremo cuidado em alimentar minha própria inquietude positiva. Essa inquietação é um combustível muito poderoso para meus negócios e para minha realização pessoal e profissional. E você? Como abastece a sua coragem? De que maneira trata aquilo que considera vital? É importante ter disposição e atitude para confrontar novos momentos. Iniciativa para ingressar em novos projetos. Se existe um bom planejamento, mesmo que seja difícil e tortuoso, não desperdice a oportunidade de crescimento por falta de coragem. Atire-se.

Naturalmente, toda vez que eu revelo meu lado corajoso, quando saio do óbvio, existe certo temor. Mas sentir medo é normal e é bom. O medo funciona como meio de ponderação, de reflexão, que é fundamental para não corrermos riscos desnecessários, para assumirmos riscos calculados. O que você nunca deve fazer é alimentar seu medo com insegurança, incerteza e vitimismo, se não quiser vê-lo crescer e se transformar em um monstro capaz de destruir a sua capacidade de agir.

Felizmente, cada uma de nós possui um gatilho particular que nos estimula a dar o primeiro passo. Não existe fórmula mágica, não existe poção que desperte a profissional corajosa que existe dentro de você. Mas é importante descobrir qual é a sua chave, a sua ignição. A maneira como você alimenta sua coragem vital faz toda a diferença. Por isso, costumo dizer: haja o que houver, aja! Não se paralise. Não importa o que aconteça, aja!

Você precisa ter essa coragem, independentemente do que veja do outro lado da janela. Não adianta esperar um ambiente favorável para agir. Nem sempre você estará completamente preparada. As coisas não estarão dispostas perfeitamente em seus lugares na hora em que você precisar tomar a iniciativa. Enquanto você perde tempo tentando criar o cenário ideal para o salto, muita gente já estará avançando e assumindo a dianteira. Tenha essa certeza.

Para quem pretende empreender, é igualmente importante alimentar a coragem vital. A boa empreendedora é movida pelo ímpeto de acreditar ser capaz. De girar até mesmo as catracas mais difíceis do negócio. No meu caso, o que alimenta minha coragem vital é defrontar os cenários mais complexos. Se eu tiver de seguir uma rotina única, sempre na mesma batida, sem grandes desafios, sinto-me desestimulada. Preciso sempre de ambientes provocativos. Eles são o meu gatilho. Analise o que você pode fazer hoje para se tornar uma mulher mais corajosa e quais são as alavancas que a impulsionam para a ação.

COMPROMETA-SE COM A PROATIVIDADE

Sempre que me questiono se devo ou não empreender em determinada direção diante de uma nova oportunidade, costumo parar e me perguntar se aquela é, de fato, a oportunidade que construí e que desejo. Se ela não seria apenas aquela que tenho em mãos por força do acaso. No meu entender, a melhor oportunidade é sempre aquela que você construiu para si mesma, ou seja, a oportunidade dos seus sonhos.

Ter essa certeza a respeito dos desafios que deseja abraçar é importante, pois o nível de engajamento e de resiliência de que você precisará será elevado. Não é fácil empreender, seja na construção de um negócio próprio, seja na realização de uma carreira de sucesso. Costumo dizer que a palavra "empreendedor" tem dor no nome. Dói e pode ser muito solitário trabalhar nessa construção, além de ser, também, uma grande responsabilidade. Contudo, se você estiver bem alicerçada nesse processo, se for algo que a mobilize e que faça sentido dentro de sua lista de prioridades, você transformará a dor em amor.

Gosto de comparar esse processo de empreender com a gravidez. Você se prepara para ter um filho, não é? Faz todas as consultas de pré-natal, cuida de sua alimentação, providencia carinhosamente o enxoval. Ainda assim, naquele momento, sabe que estará embarcando em nove meses de total imprevisibilidade. A gestação pode ser ótima, pode ser difícil, não importa. No momento em que se propuser a entrar no maravilhoso mundo da maternidade, irá com tudo. Os receios não mais a paralisarão. O medo de não saber ser mãe, o medo do parto, o medo de não conseguir dar conta dos cuidados com o bebê, o medo de como o casamento ficará após o nascimento desse filho, nada disso será capaz de interromper essa gestação porque o seu sonho, a vontade de ser mãe, é maior e fala mais alto. Você embarcará com todas as energias e planejará cada segundo. Procure fazer esse paralelo com o mundo corporativo. Se você tiver uma meta real, legítima e que a mobilize, tenho certeza de que agirá com muita garra apesar de possíveis objeções. Você irá empreender em busca de sua conquista maior porque quer fazer daquilo a melhor oportunidade de sua vida. Isso significa ser proativa, e não reativa. Uma profissional proativa está sempre na frente, antecipa os problemas e as soluções. A reativa espera acontecer e ainda coloca a culpa em terceiros. A mulher proativa sabe que os resultados dependem dela, administra bem seu tempo, cumpre suas obrigações e ainda cria espaço para cuidar de seus interesses pessoais. Já a reativa se veste de desculpas para as metas não cumpridas, vitimiza-se pelos problemas ocorridos e ainda reclama que não tem tempo para agir. Pessoas reativas são meras receptoras de informação, enquanto as proativas questionam e criam suas próprias oportunidades e interpretações sobre o fato.

Como toda competência, a proatividade pode ser desenvolvida. Você precisa ter total consciência de suas capacidades e, na mesma medida, de suas incapacidades. Como já dissemos, jamais para que essas incapacidades sirvam de desculpas: que sejam um gatilho para aprendizados. Para isso, é preciso treino. Você só se esforçará para melhorar se conscientizar-se de que isso fará bem à sua vida. É fundamental estar aberta para mudar de atitude quando estiver diante de problemas. A atitude a empodera e prepara para vencer desafios, enquanto o espelho revela quais são as suas reais ferramentas para vencer os obstáculos. O estudo, em geral, é uma dessas ferramentas mais importantes. As pessoas costumam dizer que existem profissões específicas em que o aprendizado constante é o único meio para a prática com excelência. Eu discordo dessa colocação. Todas as profissões exigem a mesma dedicação. Se você não buscar conhecimento constantemente, vai acabar estacionada. Ouso dizer que a falta de comprometimento com a capacitação constante é uma das maiores razões para a obsolescência dos profissionais e da falência das empresas. Buscar conhecimento ao longo de todo o caminho é uma das melhores formas de se tornar uma profissional proativa, assim como trabalhar o *networking* e habilidades comportamentais.

Profissionais proativas são extremamente valorizadas no mercado de trabalho, justamente porque antecipam situações e não esperam ser acionadas para agir. Mas, mesmo em sua vida pessoal, ser proativa é fundamental para o amadurecimento e o alcance de metas e de objetivos. Que graça há em ficar esperando que alguém diga para fazer isso ou aquilo? Você mesma deve identificar suas necessidades para correr atrás de soluções adequadas, com autonomia e independência. Mostrar-se resiliente para enfrentar as mais diversas situações é o que abre espaço para o que, de fato, mobilizará a sua vida.

SINAL VERDE PARA MUDAR DE IDEIA

Para concluir este capítulo, considero importante acrescentar algumas palavras sobre a importância de ser flexível. Em momentos de vulnerabilidade, aprendi que não se deve agir de maneira "turrona". No início da pandemia de Covid-19, por exemplo, esse pensamento se mostrou fundamental. Naquele momento, foi importante flexibilizar inúmeras questões comerciais. Se, dali para a frente, a conjuntura se apresentasse de maneira diferente, eu seria a primeira a trocar novamente de rota. O que quero dizer é que me permito mudar de ideia. A partir do momento em que você entende que o caminho deve ser diferente, permita-se fazer mudanças rápidas.

Mulheres inteligentes não carregam como fardos determinadas atitudes porque, um dia, fizeram afirmações em contrário. Eu passo muito pouco tempo remoendo aspectos desse tipo, porque costumam estar mais relacionados à vaidade do que a questões práticas. Isso traz uma dinâmica bastante positiva para o negócio e certamente trará também para a sua carreira. Você precisa ter liberdade para mudar de ideia sempre que for necessário.

Saber criar novos caminhos ou atalhos com agilidade é essencial. Não fique dormindo sobre aquele incômodo nem deixe que se transforme em um problema crônico para só então tomar uma atitude. Se for uma líder de equipe, por exemplo, inspire os demais a fazerem o mesmo. Se você quer que as pessoas tenham uma visão contributiva, precisa se mostrar aberta a novas ideias, mesmo que isso signifique realizar mudanças radicais. Diariamente, quando chego para trabalhar logo cedo, penso em como vou conseguir que a equipe me provoque positivamente. A minha forma de ser inspira meus colaboradores a me apresentar cenários distintos e novas contribuições.

Deixe as portas abertas para que possam entrar aqueles e aquelas que desejam colaborar positivamente com o seu crescimento. Flexibilize suas ideias e opções. Quem faz do vento a favor o único combustível e da tormenta a única fonte da transformação está criando um círculo vicioso que um dia culminará em um ponto final. Já quem faz do vento a favor o combustível para prever os ventos contrários e se prepara para eles, bem como faz das tormentas uma fonte de oportunidades, está criando um ambiente de constante transformação, adaptação e superação, que propicia novos capítulos para a construção de uma história ascendente.

5

ABRACE SUAS VULNERABILIDADES

No meu dia a dia, muita gente costuma brincar assim: "Para derrubar a Renata, só com uma retroescavadeira!". Nesses momentos, costumo pedir que não me coloquem em uma posição de alguém imune ao medo ou à vulnerabilidade. Ter receios, inseguranças e incertezas é um traço comum a todo ser humano. No universo empreendedor, é impossível não se sentir vulnerável de vez em quando. A diferença é que, ao longo de minha carreira, aprendi a transformar vulnerabilidades em força. E sabe como isso funciona? A partir do momento em que você se permite expor suas fragilidades, aprende a pedir ajuda, e isso faz toda a diferença. Esse processo pode não ser muito simples para quem tem uma personalidade centralizadora, dominante, mas é algo que cria uma conexão poderosa com quem está ao seu redor. Ao deixar claro do que precisa, você desenvolve uma ferramenta essencial para o autodesenvolvimento. De nada adianta, no entanto, usar apenas palavras. Você precisa demonstrar por meio de atitudes que está aberta ao auxílio e à cooperação, pois assim abrirá espaço para que outras pessoas ajam de maneira igual, tornando o ambiente de trabalho transformador.

Expor as vulnerabilidades ajuda você a retirar os fantasmas da sala. Quando você não abre espaço para que alguém acolha suas ansiedades, seus receios e fraquezas, alimenta os medos, que não param de crescer. Em contrapartida, quando se torna mais transparente, cria consigo mesma o compromisso de não se colocar nem se manter na posição de vítima.

Admito que, por algum tempo, não me permiti ser vulnerável. Precisei aprender no meio do processo. O grande divisor de águas aconteceu por ocasião da morte de minha mãe. Ela sempre teve uma personalidade muito diferente da minha. Desde menina eu me mostrava voltada aos meus próprios objetivos e tarefas. Aos seis ou sete anos, por exemplo, eu criava minha agenda de compromissos pessoais inegociáveis. Lavar a bicicleta ou arrumar as bonecas não eram simples brincadeiras infantis, e sim compromissos bem sérios. No colégio, centralizava os deveres e resolvia tudo sozinha, sem depender de terceiros. Minha mãe, ao contrário, sempre se ocupou em criar conexões emocionais muito fortes com todos ao redor. Ela era bastante querida e admirada por sua generosidade. Precisei de tempo para entender que o fato de não estar acessível para receber auxílio também me impedia de aprender a habilidade de oferecer ajuda. Quando minha mãe adoeceu e veio a falecer, precisei desesperadamente de apoio. Aquela foi, sem dúvida, a primeira vez em que olhei para o lado e me perguntei: "O que faço agora?".

Naquela situação de extrema vulnerabilidade, fiz uma descoberta surpreendente: eu não precisava de um "manual de instruções" que me ensinasse a ser vulnerável. Se você estabeleceu com as pessoas ao seu redor uma relação de amor, de confiança e de honestidade, quem está próximo sente a sua necessidade e se oferece para fazer o que for preciso para ajudar. Em outras palavras, nem sempre você precisará verbalizar um pedido de socorro. Basta ter criado uma base sólida de cooperação com todos os seus *stakeholders*. Naquela ocasião tão desoladora, eu me vi acolhida por todos os membros dos meus times, pelos meus amigos, pela minha família, pelo meu marido. Eles se mobilizaram de maneira genuína para me mostrar que eu poderia viver o luto sem culpa. Entendi que minha mãe havia deixado um legado muito precioso como a mulher generosa que sempre foi. Embora tivesse partido, todo o amor que eu estava recebendo transbordava por meio de sua lembrança.

Considero importante transmitir a você essa lição a respeito de vulnerabilidades para que trabalhe, prospere e entregue resultados, mas para que também desenvolva relações verdadeiras de afeto, de confiança, de respeito e de colaboração. A rede de segurança que você tece ao longo do seu processo de crescimento pessoal e profissional faz parte de sua recompensa. Não existe uma fórmula única que funcione igualmente para mim ou para você. Mas, certamente, a base é sempre se deixar acolher.

Quero compartilhar com você uma carta que escrevi após o falecimento de minha mãe e que foi lida em sua Missa de Sétimo Dia.

Saudade sim, tristeza não!

O que são 46 dias? Para muitos, apenas uma fração de tempo e a continuidade de suas rotinas. Para minha mãe, certamente a oportunidade de fazer valer cada minuto. Para mim, essa foi a contagem regressiva do último período que vivi intensamente, de corpo e alma, entregue às minhas emoções e valorizando cada instante ao lado da mãe maravilhosa que Deus me deu. Uma jornada de amor que trouxe um novo significado para minha vida.

Para a maioria das pessoas, o aceleramento dos dias e as múltiplas tarefas que consomem as horas representam um grande desafio. Para mim, no entanto, é justamente o contrário; o grande desafio foi pausar, diminuir o ritmo, entender que nem sempre eu posso ditar o compasso, e nessa hora precisei optar por qual caminho seguiria... Meu coração me guiou para o caminho do aprendizado. Um caminho difícil, árduo, mas certamente o mais bonito e transformador.

UMA PROFISSIONAL PROATIVA ESTÁ SEMPRE NA FRENTE, ANTECIPA OS PROBLEMAS E AS SOLUÇÕES. A REATIVA ESPERA ACONTECER E AINDA COLOCA A CULPA EM TERCEIROS.

Aprendi que viver no automático não é viver, é apenas carimbar uma existência vazia. Aprendi que pedir ajuda não é um sinal de fragilidade, mas de grandiosidade. Aprendi a ser sensível aos mínimos detalhes, aprendi o valor inestimável de um abraço sincero. Aprendi a importância da generosidade, de viver cercada de amigos e de ter ao meu lado um marido maravilhoso. Aprendi como é essencial apoiar e também servir de apoio e que isso nem sempre recebemos das pessoas mais óbvias.

Nesses fatídicos 46 dias, as visitas à minha mãe foram intensas e constantes, e o mais bonito disso tudo é que as pessoas que a visitaram não estavam a mando de nenhum protocolo. Eram visitas carregadas de amor, de gratidão, de respeito e de saudade...

Eu lutei como guerreira, me coloquei na montanha-russa da vida e experimentei os mais diversos sentimentos: medo, angústia, tristeza. Vibrei intensamente a cada pequena conquista, me indignei quando me senti impotente, me senti exausta quando percebi que muitas vezes andei em círculos e ao final de tudo isso fui surpreendida ao ver que quem mais tinha sede de viver partiu serena, pois viveu sem amarras e sem arrependimentos.

Difícil acreditar, mas minha mãe não tinha medo de morrer, porque ela soube, de fato, o que era viver.

E você, que está aqui hoje, já parou para refletir sobre a magnitude e a responsabilidade que existem na condição de ser amada? Se não, reflita e experimente dar e receber amor. Experimente dizer SIM sem pensar.

Eu dei à minha mãe todo o meu amor. Deitei em seu leito, abracei, cuidei, beijei, sequei suas lágrimas, conversei com ela, mesmo quando ela estava em coma e eu não tinha a cer-

teza de que ela estava me ouvindo, e acredite, fiz tudo isso com ternura e devoção, sem que tubos, aparelhos, alarmes e enfermeiros pudessem tirar a doçura e a magia dos últimos momentos que pude viver ao lado dela.

Daqui em diante, estou certa de que, assim como minha mãe, quero estar com essas pessoas, independentemente das datas, das festas e das ocasiões. Quero que elas me procurem quando precisarem de apoio, mas também quando não houver objetivo algum, apenas para rir, brincar e jogar conversa fora.

Quantos aprendizados, não é mesmo?

Pois bem, ainda me resta aprender a lidar com a saudade e acho que essa será a mais difícil das lições. Mas que sorte tenho eu, pois agora não mais seguirei sozinha.

Todos aqui terão que aprender a viver sem a Claudia, pois, apesar de ser sua única filha de sangue, aqui entre nós, existem dúzias de filhos e amigos que a minha mãe escolheu para amar, divertir e cuidar. Ela era nossa borboleta, nossa peça rara, nosso grande amor.

Nem a força do tempo em sua forma mais implacável será capaz de desvanecer das nossas memórias as tardes passadas ao sol, a bordo do C'est La Vie, *com seus looks espalhafatosos e peculiares como a sua própria personalidade.*

Também não nos esqueceremos das viagens de ônibus e das tardes frias vividas em Campos do Jordão, regadas com guerras de espuma e muito carteado.

É impossível sequer cogitar a possibilidade de esquecer as joias resplandecentes que refletiam o brilho que emanava dela. Aquelas joias nunca mais vão ser capazes de brilhar da mesma forma, mas vão guardar a memória de momentos inesquecíveis que só uma rainha de verdade poderia viver. Ela foi uma rainha, senhora do próprio destino, dona do próprio nariz. Ela foi única, porque o mundo ficaria muito pequeno e tumultuado se houvesse duas Claudias. Ah, mãe, que sorte eu tive por ter você.

Você soube rir até chorar e em cada choro soube encontrar o riso.

Contra minha vontade, você fumou como poucos, porque queria, teimava, dizia que podia. Se aquela piteira falasse, teríamos histórias para muitas e muitas gerações.

Você carimbou diversas vezes seu passaporte porque amava desbravar o desconhecido. Você usou e abusou do seu cartão de crédito porque amava tudo que era belo, que era raro, que era especial. Você cantou porque soube entender a melodia da vida e soube encantar como ninguém. Você dançou porque interpretou corretamente o ritmo da existência e soube valorizar a arte de viver. Você flertou com o eterno e realizou sonhos, os seus e os de todos que estavam à sua volta.

Quanta falta vai fazer aquele sorriso de quem aprontou e foi feliz de verdade. Que saudade vamos sentir das suas festas sempre memoráveis e regadas a bom gosto.

Que falta vai fazer a sua personalidade teimosa e efervescente. Você não gostava de receber ordens, mas com apenas um olhar era capaz de comandar um batalhão. Uma grande patroa, rodeada de funcionários que a idolatravam. Uma referência, uma inspiração na vida de muitos.

Não temos dúvida de que a Claudia foi, é e sempre será sinônimo de alegria, de vida, de generosidade. Divertida, humana, sensível, elegante. Uma mulher inigualável, que irradiou amor por onde passou. Dona de um carisma peculiar. Uma mulher icônica, grandiosa, uma diva! Linda por dentro e por fora, que soube de fato o que era viver. Uma grande anfitriã, que sempre fez de cada momento da vida uma festa, uma comemoração.

Eu roguei a Deus que fizesse Sua perfeita vontade, mas implorei para que Ele não a permitisse sofrer. Eu aprendi com você a ser otimista mesmo diante do cenário mais improvável e por isso acreditei muitas vezes que eu conseguiria virar o jogo. Eu fiz planos para quando você voltasse para casa. Eu tentei até o fim. Eu não consegui te salvar, mas juro que nunca vou deixá-la partir.

Você vai viver em cada gesto meu e do Bruno. Você vai viver em cada riso, em cada ato de generosidade, em cada brinde, em cada mergulho no mar, em cada passeio de barco, em cada viagem, em cada descoberta, em cada gesto de amor.

Eu sou o seu legado e sei a doce e intensa responsabilidade que carrego, porque sou a extensão do que você foi, e prometo viver para lhe fazer orgulhosa aí onde você estiver.

Que a sua luz permaneça brilhante e nos ilumine por toda a vida. Me ajude a passar pela dor de não ouvir o seu coração bater junto ao meu, me ensine a seguir meu caminho sem a sua presença, mas continue me guiando. Seja o anjo de que o Bruno tanto precisa. Mãe, você vai ser sempre o meu modelo, o meu orgulho e o meu amor e sempre terá a minha admiração.

Dizem que as crianças são sábias e isso se confirmou na segunda-feira à noite quando seu único neto, já deitadinho em minha cama, disse, com muita ternura: "Mãe, enquanto o mundo tenta entender os fatos, a vovó sente a vida e é isso que a torna única". E já com lágrimas nos olhos, terminou dizendo: "A vovó não se cuidava, mas cuidava de todos. Tenho orgulho pelo que você fez por ela, obrigado por ter cuidado da vovó e quero que saiba que estou seguro aqui na Terra por saber que agora tenho no céu o mais dourado anjo protetor".

Mãe, nunca imaginei vê-la com as mãos cruzadas sobre o peito, em atitude séria. Suas mãos e pés sempre agitados, que você mesma batizou de pés com rodinhas, gritavam "Quero viver, sem ter a vergonha de ser feliz" e foi isso que você fez por 71 anos. Mas agora chegou sua hora de brilhar ao lado de Deus. Com certeza o céu está em festa com a sua chegada, e, assim como o mundo, o céu jamais será o mesmo.

O RESILIENTE PODE AVANÇAR LENTAMENTE, MAS CHEGA LONGE

Eu fui criada para decidir. Meus pais nunca determinaram nada por mim e sou grata por isso. Lembro-me de meu pai dizer: "Renata, a vida é sua, então você deve escolher o que quiser". Ele nunca nutriu em mim o dever de sucedê-lo. Ao contrário, pedia apenas que eu fosse a melhor possível naquilo que eu viesse a escolher. Dentro desse ambiente extremamente respeitoso e democrático, meus pais me criaram no caminho do empoderamento e me viram crescer como uma mulher forte e independente.

Quando meus pais decidiram terminar o casamento, eu devia ter por volta de quinze anos. A separação foi um processo amigável e muito respeitoso entre eles, que sempre tiveram uma relação afetuosa e estruturada, sem brigas ou discussões. Ainda assim, o divórcio me pegou desprevenida. Eu estava iniciando o primeiro ano do Ensino Médio e, de uma hora para outra, comecei a ir mal nos estudos. Não conseguia render, estava desestabilizada emocionalmente. Muito sábia, minha mãe chegou para mim e disse: "Renata, estou aqui para ajudar e entendo que você esteja chateada, mas você precisa tomar uma atitude, pois eu não posso estudar em seu lugar". Foi um momento importante de minha adolescência, porque ela estava me dando uma lição de como ser uma mulher resiliente diante dos imprevistos da vida.

A resiliência é a capacidade que você tem, ou desenvolve, de lidar com os problemas, adaptar-se às mudanças, superar os obstáculos ou resistir à pressão de situações adversas. Dez anos depois daquela conversa com minha mãe, eu precisei como nunca testar minha própria resiliência, por meio de uma grande adversidade: uma gravidez de risco. Havia dois pontos indubitáveis nessa situação. O primeiro e tangível era que eu estava grávida. O segundo e intangível era um problema clínico que poderia interromper a gravidez a qualquer momento. A solução possível: ficar internada por todos os meses que faltavam de gestação para obter cuidados médicos constantes. Precisei ter muita fé, paciência e foco a fim de enfrentar dores lancinantes e uma limitação física incapacitante. Não era sofrimento, de modo algum. Eu não admitia outro fim para essa história que não fosse ter o meu filho saudável no colo e, para chegar a esse final, eu faria absolutamente qualquer coisa que estivesse ao meu alcance. Era um sacrifício temporário em nome de um bem inestimável.

Ser mãe, mulher e empresária, para mim, são funções complementares, fundamentais e indivisíveis. Mesmo em meu momento de maior fragilidade, precisei ser mais forte do que nunca, para manter essa tríplice coroa iluminando minha caminhada. Fiz do hospital a minha casa e o meu escritório. Comandei campanhas remotamente, acompanhei o desenvolvimento de projetos, sendo o principal deles a criação da Chocolates Brasil Cacau, um sonho que eu sonhei primeiro e que vi nascer também no coração de outras pessoas. Um sonho que precisava florescer e se multiplicar.

Com protagonismo, resiliência e o apoio incondicional de minha família e do meu time de colaboradores, saí da maternidade com o Bruno no colo. Meu filho era saudável, assim como o projeto da Brasil Cacau estava pronto para decolar e a Kopenhagen estava mais sólida que nunca. Resiliência foi a palavra-chave.

Ao relatar essa história pessoal, espero que você não me veja como uma supermulher. Mesmo diante da narrativa da fase mais complicada de minha história, a certeza que tenho é de que, quando necessário, minha obstinação inata me faz enxergar com otimismo qualquer situação, até quando todas as probabilidades não estão a meu favor. Saiba que nem tudo depende de você, mas tudo depende do quanto você está disposta a se doar e a aprender para fazer dar certo. Mesmo se o final não seguir o roteiro que você imaginou, pelo menos você terá a certeza de que deu 100% do que podia. É essa capacidade de se doar e de se empenhar sem limites que separa as grandes histórias de superação das grandes histórias de fracassos.

6

ATITUDES VENCEDORAS NA LIDERANÇA

No primeiro capítulo deste livro, eu pedi que você deixasse de olhar através da janela e passasse a se olhar no espelho. Agora, chegou o momento de dizer: se você quiser ser uma boa líder, não foque apenas o seu espelho e volte seus olhos também para o outro. Só assim você poderá ajudar outras pessoas a crescer e a desenvolver habilidades e talentos, como você mesma fez, e então sua liderança se tornará um verdadeiro farol de transformação.

É muito difícil, se não impossível, desenvolver um grupo de profissionais em uma equipe de alto desempenho quando o seu foco principal é somente você mesma. Afinal, ninguém faz nada sozinho. Por mais óbvia e reprisada, deixe que essa frase seja o mantra que a acompanha na jornada. Você pode ser um grande talento, até mesmo um fenômeno em sua área de expertise, mas, sem colaboração externa, será impossível pôr todos os projetos em movimento.

Estabelecer sólidas pontes de relacionamento é fundamental. Essa é a maneira mais eficiente de ter alguém de confiança com quem podemos contar. Boas relações vão além de um simples contrato de trabalho. Não é porque você paga o salário de um colaborador que ele irá necessariamente se dispor a entregar o melhor que tem a oferecer. Também não é o valor da remuneração que determina o tipo de profissional que você terá em seu quadro de colaboradores, e sim o quanto você se dispõe a provar que tal funcionário ou funcionária vale.

Digamos que você ofereça a melhor vaga, com o salário mais tentador. Se o ambiente for tóxico e se você, como líder, não souber reconhecer e incentivar os esforços realizados por sua equipe, de nada adiantará todo o investimento financeiro. No momento em que você mais precisar, estará sozinha, porque não desenvolveu uma base de apoio, sustentação e parceria.

Há muitos anos, sou a principal executiva de um dos maiores grupos franqueadores do país. Eu tenho a mais absoluta consciência de que não cheguei sozinha aonde me encontro. Eu precisei de ajuda diversas vezes. Sei, principalmente, que não permaneço em meu posto unicamente pelos esforços que empenho todos os dias, e sim porque formei um time incrível de profissionais. São pessoas com as quais posso contar a qualquer momento e que, em contrapartida, sabem que estarei disponível para elas na mesma medida.

Se você fizer de suas iniciativas um projeto pessoal e quiser que todos os holofotes estejam voltados sobre você, suas chances de sucesso serão mínimas. Não caia nessa armadilha. Tudo o que você faz com a intenção de vencer deve, necessariamente, ser uma construção em equipe. Nesse sentido, cada um colabora com o que tem e é no conjunto e na combinação de todas as habilidades e talentos que o sucesso da empreitada se torna possível. Lembre-se: a sua disponibilidade é capaz de engajar as pessoas para a ação. Isso envolve dar o exemplo, mobilizar a equipe, saber comunicar e conquistar a confiança de cada um dos liderados.

Naturalmente, o líder acaba se sobressaindo no mercado. E isso faz sentido. Afinal, pesa sobre seus ombros a responsabilidade de conduzir todo o time e, como dito no início deste capítulo, ser o farol da transformação. Uma liderança eficiente e vencedora serve de modelo, de inspiração e de guia para que todos saibam para onde vão e o porquê do caminho escolhido. Mas, veja: essa responsabilidade deve ser carregada com uma boa dose de humildade. Costumo dizer que a minha satisfação é oriunda dos resultados coletivos alcançados, não de minhas conquistas individuais. Sem que você mantenha essa premissa em mente, não conseguirá exercer uma liderança inspiradora, apenas uma liderança impositiva. E o líder que impõe e subjuga seu time não cria laços, não desenvolve projetos, não constrói um ambiente possibilista, no qual todos têm as mesmas chances de brilhar e de ser reconhecidos por seus esforços. Que tipo de líder você quer ser?

BENEFÍCIOS DE CULTIVAR A SORORIDADE

As mulheres são líderes altamente competentes e contam com a mesma probabilidade que os homens de ter sucesso em cargos de alto nível. Portanto, o que diminui sua presença nessas posições não é a falta de capacidade, e sim a escassez de oportunidades. Líderes mulheres têm mais probabilidade de treinar, orientar e desenvolver seus times. Elas são verdadeiras agentes de talentos, porque usam o feedback e o direcionamento para ajudar as pessoas a crescer. Isso significa ser menos transacional e mais estratégica no relacionamento com os colaboradores e também inclui o desprendimento para contratar pessoas melhores do que elas, pois seu ego está sob controle. Uma boa líder não está preocupada em competir. Ela está ocupada demais buscando somar e alcançar resultados positivos para todos.

Jamais duvide de sua capacidade para liderar pelo fato de ser uma mulher. Muitos estudos deixam claro a capacidade de liderança feminina. Em 2019, por exemplo, a consultoria norte-americana Zenger/Folkman, especializada no desenvolvimento de liderança, apontou que líderes mulheres são tão eficazes quanto homens – e, em muitas das variáveis avaliadas, elas pontuam até melhor que eles. Embora eu sempre cite esses estudos e deposite toda a minha confiança em pesquisas de base científica, é importante fazer a ressalva de que maioria não é todo mundo. Já tive lideranças femininas lastimáveis, assim como já tive líderes homens impecáveis. Estudo, preparo, iniciativa e grandes doses de disciplina desconhecem a questão de gênero.

Então, por que ainda é tão difícil alcançar o topo? No meu entender, muitas vezes as mulheres se unem de uma maneira contraproducente. Elas se unem nos direitos, mas não se abraçam nos deveres. A mulher quer e merece ocupar um cargo de liderança, e não porque é mulher, mas porque é capaz. Porque empenhou seus esforços nesse processo. Por isso julgo que a nossa união deve ser em prol do empoderamento. E esse empoderamento se dá por meio da capacitação, e não pelo discurso.

Em vez de estimular a competição, precisamos acolher as líderes mulheres. Infelizmente, nós ainda nos comportamos como grandes julgadoras de outras mulheres e isso precisa acabar. Precisamos nos unir não contra os homens, mas em nosso favor. A ideia de que as mulheres são extremamente competitivas e não são amigas de verdade é uma crença que ouvimos desde a infância. Talvez isso tenha sido uma realidade no passado, mas, hoje em dia, sabemos que a sororidade é o melhor caminho para sermos mais solidárias e fortalecermos a imagem feminina. Para abraçar essa verdadeira irmandade, temos de mudar esses conceitos e alguns dos comportamentos que ainda existem nas corporações. Precisamos apoiar umas às outras, fortalecendo a nossa aliança para, então, alcançar a equidade de gênero no mercado de trabalho.

Para ser uma líder e empreendedora de sucesso, é seu dever adotar uma postura menos defensiva em relação às outras mulheres. Um ambiente de competição negativa acaba por se tornar tóxico para todos e, consequentemente, para os negócios. Da mesma maneira, não permita que alguém a julgue pela forma como você se veste nem faça uso, de forma alguma, de termos que possam afetar a imagem de outra mulher. Não fortaleça estereótipos de comportamento associados às mulheres, rótulos como "mandonas", "agressivas" ou mesmo "tiranas". É preciso lutar contra alguns hábitos enraizados com trabalho e autoanálise. Sobretudo, busque ter atitudes de cooperação que possam apoiar outras mulheres, concentrando-se nas competências e nas habilidades que elas possuem e que podem ser complementares às suas. Só assim você receberá, em troca, o mesmo tratamento e liderará o seu time para o sucesso.

COMANDAR COM EMPATIA

Ao longo da história, as mulheres ouviram que são gentis e atenciosas demais para serem líderes. No entanto, a noção de que alguém que não seja gentil e atencioso possa liderar com eficácia está em completo desacordo com a realidade do momento. A liderança de nosso século exige que os líderes estabeleçam uma conexão emocional verdadeira com seus colaboradores. Subestimar uma mulher por conta de sua sensibilidade é acreditar que, em vez de pessoas, ela lidera robôs. Se você olhar ao redor, observará que apenas as marcas com propósitos autênticos se sobressaem e essas mesmas marcas exigem uma gestão atenta de pessoas e uma cultura organizacional extremamente sólida. Esses pilares apenas são construídos com muita empatia, resiliência, sensibilidade e comprometimento, características inatas a grande parte de nós, mulheres.

Não quero, com isso, dizer que os homens não sejam bons líderes. Tampouco afirmar que todas as mulheres foram talhadas para a liderança, o que igualmente não é verdadeiro. Eu apenas acredito que a liderança não dependa de gênero, e sim da perfeita combinação entre os atributos ideais para determinados mercados ou departamentos. E que ser incansável é o primeiro requisito para assumir a frente dessa corrida em uma pista de alta velocidade.

Se a mulher é sensível por natureza, também não é menos verdadeiro que ela possa ser feroz quando necessário. Não sei você, mas eu sou do tipo que, quando vejo a minha "cria" em risco, faço aflorar aquele instinto de proteção que impossibilita qualquer investida contrária. Posso citar, como exemplo desse forte instinto protetor que as mulheres carregam dentro de si, a gestação de meu filho, Bruno. Ainda com dezesseis semanas de gravidez, fui surpreendida com uma grave infecção que me obrigou a permanecer sob absoluto repouso em ambiente hospitalar, como contei no capítulo anterior. Por diversas vezes, tanto a equipe médica quanto familiares próximos me aconselharam a acelerar o parto. Mas eu sabia que a melhor UTI para o meu filho seria o meu útero. Defendi minha posição com unhas e dentes, até o momento em que eu tive a certeza de que o Bruno estaria realmente pronto para vir ao mundo. Nada nem ninguém foi capaz de me fazer mudar essa posição. Mesmo sendo esta uma história pessoal, esse exemplo é importante para que você compreenda o poder que reside em cada mulher. Jamais duvide de sua força e de sua capacidade de lutar pelos motivos certos. O seu sucesso é o primeiro deles.

TUDO O QUE VOCÊ
FAZ COM A INTENÇÃO
DE VENCER DEVE,
NECESSARIAMENTE,
SER UMA
CONSTRUÇÃO
EM EQUIPE.

7

ATITUDES CAMPEÃS DA MULHER EMPREENDEDORA

A mulher, por essência, é movida a propósito. Faz parte de nosso DNA nos doar em prol de algo ou de alguém e não medir esforços para realizar o que assumimos como missão. Talvez seja essa a razão pela qual muitas das organizações de voluntariado ou de causas humanitárias sejam encabeçadas por mulheres. Elas não querem apenas trabalhar para obter sucesso, mas, sim, trabalhar para alcançar o êxito em prol de uma grande causa.

Se você pretende empreender, deve primeiro descobrir qual é o seu propósito pessoal, ou o propósito do seu negócio. Na maioria das vezes, eles caminham juntos. É esse significado maior que vai gerar a motivação necessária para você superar todos os obstáculos da empreitada. Ao defini-lo, você conseguirá dispor da energia para iniciar a trajetória, o que nem sempre é fácil.

Lembre-se de que seu propósito precisará ser único e autêntico, além de durável. Quando você não tem uma ideia exata do que pretende realizar, nenhuma atividade será realmente do seu interesse. Pior: você se verá diversas vezes tentada a jogar a toalha, com a desculpa de que o vento não está favorável. Sinto em dizer, mas, no mundo dos empreendimentos, o vento nem sempre se encontra a favor. É você quem muda a direção da sua vela para chegar ao outro lado da margem.

Seu propósito também deve ser bom para todos. O empreendedor egoísta ou ególatra raramente prospera. Isso porque, para se sobressair nesse mundo, é preciso se comprometer com um objetivo muito maior do que o nosso próprio querer. Faça a si mesma esta pergunta: "Quanto o meu propósito produz de bom para os outros?". Responder com sinceridade a essa questão pode dar a você algumas pistas importantes sobre os seus valores e a sua missão.

A boa notícia é que, uma vez que você tenha definido o seu objetivo, ficará muito mais fácil partir para o passo seguinte: a execução do projeto. A mulher empreendedora não espera acontecer. Ela se coloca em ação e engaja os que estão a seu lado. Ao se pôr em movimento, algo surpreendente acontece: você descobre os comportamentos e as habilidades necessárias para que a sua ideia se torne realidade. Nessa esteira, também fará com que seu time, ou as pessoas com quem você conta para apoiá-la, se movimentem no mesmo sentido e na mesma velocidade. Eu posso dizer, com orgulho, que conto com um time vencedor. Meus colaboradores não apenas entendem o propósito da companhia, como também o colocam em prática, com muita energia e dedicação. Estamos, como se costuma dizer, no mesmo barco, em um sentido positivo e produtivo.

O forte compromisso que as empreendedoras de sucesso têm com seus empreendimentos é outro ponto a favor que você deve perseguir. Compromisso equivale a dedicação. A levar o projeto a sério. A manter a disciplina, aconteça o que acontecer, haja o que houver. Precisamos nos comprometer de maneira integral, lutar pelos objetivos dos demais e pelos nossos porque, combinados, eles criam a prosperidade que todas nós almejamos e merecemos. Ao enxergar o caminho a ser trilhado como um processo para um bem maior e para a sua autorrealização, você também será capaz de oferecer algo realmente bom para o público e, assim, prosperar. Vale acrescentar que prosperidade não é apenas sinônimo de lucro. Prosperidade é saber que você chegou lá levando consigo pessoas que lutaram ao seu lado. Próspera é a líder que tem alguém que se sacrifique por ela e a oportunidade de se sacrificar por alguém.

Por tudo isso, digo que, para empreender, é necessário que você se comprometa de maneira holística e persiga, com garra, o êxito de todos.

ABRACE AS MUDANÇAS

A mulher empreendedora está sempre em busca de sua melhor versão. Ela preza o desenvolvimento de novas habilidades e o aprimoramento daquelas de que já dispõe. Outra característica de uma empreendedora de sucesso é a capacidade de se transformar e de evoluir rapidamente. Não há no mundo ponderação que seja capaz de parar uma mulher que sente ser importante fazer uma grande mudança a fim de concretizar alguma coisa igualmente grande. A mulher, por natureza, tem esse poder de encabeçar as principais mudanças, de delegar o que é preciso e de enxergar longe. Nós conseguimos vislumbrar o futuro com uma clareza que muitos dos homens não têm. Isso vem de nossa capacidade de nos transformar para fazer as mudanças necessárias em nós mesmas, nos outros e nos ambientes pelos quais transitamos. Essa característica é fundamental nos dias de hoje, quando verdadeiras mutações nos cenários acontecem de maneira tão acelerada.

Outro ponto favorável para o empreendedorismo feminino é o fato de sermos multitarefas e multifocais. Carregamos em nosso DNA o dom de nos concentrar em várias iniciativas e de focar todas elas ao mesmo tempo. Você, com toda a certeza, já realiza várias atividades em um só dia. Caso se sinta sobrecarregada em alguns momentos, procure considerar essa característica como uma espécie de superpoder e use-o a seu favor. O famoso bordão "missão dada é missão cumprida" pode ser emprestado para coroar o desempenho de uma mulher.

INSPIRE-SE EM QUEM VEIO ANTES

Todo mundo precisa de um modelo. Alguém que já tenha chegado ao pódio que queremos ocupar um dia. Mas você também precisa ter a consciência de que nenhuma história pode ser repetida. Temos de buscar nas grandes histórias e nos grandes sucessos um ponto de partida, *insights* reflexivos e práticos e, claro, aprendizados. Você não quer ser uma cópia, e sim a sua melhor versão.

Uma mulher verdadeiramente perspicaz consegue aprender com os erros e com os acertos das outras. Considero fundamental que tenhamos modelos femininos de sucesso capazes de nos inspirar e, principalmente, de inspirar as gerações que estão chegando. Mas é importante, também, que tais modelos sejam responsáveis a ponto de não atribuir qualquer sucesso a uma receita pronta, como se o sucesso de um negócio ou de uma carreira dependesse apenas de determinados ingredientes e de um único "modo de preparo".

Essas mulheres são muitas. Posso citar algumas a quem admiro, para que você inicie a sua própria lista. São elas: Cristina Junqueira, CEO do Nubank e uma das três fundadoras dessa *startup*; Rachel Maia, ex-CEO da Lacoste no Brasil, conselheira administrativa do Grupo Soma & CVC; Luiza Trajano, presidente do Conselho de Administração da rede de lojas de varejo Magazine Luiza e de outras empresas integradas a sua *holding*; Ana Paula Padrão, jornalista e influenciadora, com a qual participo do Grupo Tempo de Mulher.

Todas elas, com suas histórias diversas, têm boas lições a compartilhar com outras mulheres e, especialmente, com você.

Conto a minha história para que você saiba que é possível, sim, ser a sucessora de um grande negócio. Não para mantê-lo, mas para multiplicar a história vencedora dos líderes que vieram antes de mim. Eu quero que aquela pessoa que vier a me suceder vá ainda mais longe do que eu. No entanto, sempre deixo muito claro que esta é a minha história. Cada jovem mulher precisa ser a protagonista de sua própria jornada, sem repetições, sem objetivos iguais, com destinos maravilhosos, mas distintos.

Que cada mulher seja livre para fazer acontecer, criando sua própria narrativa e sendo sempre a protagonista das iniciativas que decidir encabeçar.

A HORA CERTA DE EMPREENDER

Você acredita em numerologia, astrologia, cartas de tarô? Faz o seu mapa astral para saber quais são a hora e o momento certos para começar um projeto? Bem, quando o assunto é empreendedorismo, não existe bola de cristal para definir dia e mês para começar. A mulher empreendedora simplesmente dá o primeiro passo. Ela se coloca em ação com os recursos de que já dispõe, sejam eles financeiros, intelectuais ou uma rede de contatos. Ela conta com um ingrediente poderoso chamado "iniciativa".

Não caia na armadilha de se deter, esperando pelo momento ideal. A própria definição da palavra "ideal" deixa claro que ele talvez não exista, pois significa quase uma invocação utópica. Existe o agir, e o agir deve se concretizar no agora. Sempre é tempo de construir o processo que vai levar você ao seu objetivo, contudo é importante ter em mente que qualquer iniciativa de sucesso é processual. Alguns processos se desenrolam mais rapidamente, enquanto outros demoram certo tempo até chegarem a termo.

Precisamos entender, de uma vez por todas, que quem espera nunca alcança, contrariando todos os poetas. Quem espera simplesmente fica pelo caminho. A mulher empreendedora corre atrás, persegue, fareja e constrói a sua história todos os dias, às vezes um pouco de cada vez, outras vezes muito de uma vez só. Sonhar é bom, mas realizar é melhor.

O SUCESSO NÃO VEM DE GRAÇA

A capacidade de realização da mulher empreendedora está intimamente relacionada à capacidade de enxergar problemas. E então, para cada problema que detectar, enxergar uma proposta de solução que seja satisfatória. Se você pretende empreender, precisa desenvolver uma lente de aumento para analisar planejamentos, projetos e propósitos. Eu procuro farejar qualquer possibilidade de percalço e criar uma solução ou um desvio com alternativas viáveis.

Claro que, por mais que você planeje e revise seu plano, situações inesperadas vão acontecer. Mas a boa empreendedora sempre tem uma ou duas cartas na manga, porque ela está em constante estado de estudo e de preparação.

Nada vem de graça, muito menos o sucesso. Para progredir, muitas vezes é preciso fazer sacrifícios. O que não significa necessariamente viver em estado de sofrimento constante. Quem se sacrifica sabe que, na linha de chegada, há um prêmio que compensa qualquer dor. Nós, mulheres, temos o talento de manter a disciplina em multitarefas e buscamos, na diversidade de ideias, o tecido para construirmos nosso caminho de inovação, haja o que houver.

Quem sofre nunca se satisfaz, porque vive em um estado constante de lamentação. Por outro lado, quem empenha sua energia não lamenta, porque sabe que lamentar-se significa gastar essa energia de maneira desnecessária. Também não inventa desculpas, pois entende que justificativas não constroem as pontes que permitem cruzar a linha de chegada. Finalmente, tem a certeza de que justificativas acabam por se transformar em obstáculos difíceis de serem contornados. Se você pretende empreender de fato, esteja preparada para escalar uma montanha íngreme e pedregosa. Desenvolva seu fôlego, trace as suas rotas, siga a sua bússola, aceite os ventos fortes e, então, finque a sua bandeira lá no alto.

8

EM UM MUNDO MASCULINO, NÃO SE DEIXE INTIMIDAR

Como CEO de uma grande companhia, preparar e dirigir reuniões com muitos homens é parte de minha rotina. Certamente, em sua jornada empreendedora e corporativa você terá inúmeras oportunidades de vivenciar esse tipo de contexto. Para muitas mulheres, a presença de vários homens em reuniões de trabalho se mostra uma situação intimidadora, pelos motivos mais diversos. Superar esse tipo de insegurança é fundamental se você deseja, de fato, conquistar o seu lugar ao sol. O primeiro passo é manter uma noção clara e precisa a respeito do seu território. Em outras palavras, ciente de sua especialidade, ficará mais fácil compreender e incorporar a razão pela qual você está ocupando uma cadeira à mesa de reunião. Assumir seu papel dará a você o empoderamento necessário para, com muita altivez, ocupar seu lugar.

Às vezes, uma boa reflexão consigo mesma ou um diálogo com seu/sua *coach*, repleto de bons conselhos e palavras de apoio, fazem a diferença antes de uma deliberação importante. Tenha em mente que, quanto mais você avançar em sua trajetória, mais frequentemente precisará se preparar para essas ocasiões. Portanto, não tenha o menor pudor em mostrar a si mesma o quanto é capaz e merecedora do espaço que conquistou e que agora ocupa. Relembre a sua história, os seus aprendizados e, principalmente, os desafios que você venceu até finalmente ocupar uma cadeira à mesa. Sobretudo, enxergue os profissionais do sexo masculino como seres humanos. Em tese, todos ali devem estar voltados a um objetivo comum, seja a busca positiva por soluções para determinada demanda, seja avançar em estratégias predefinidas, seja expor os resultados alcançados.

Costumo repetir aos meus colaboradores que, contra fatos e dados, não há argumentos. Lembre-se: se as palavras convencem, os números comprovam. Portanto, cerque-se de fatos, estatísticas e projeções. Se uma reunião tende a ser complicada, este será mais um motivo para que você se arme como se fosse para uma guerra. Em situações assim, sua principal arma é a informação. Muna-se de todas as ferramentas ao seu dispor. Estude os demais participantes da reunião e descubra como anular todo e qualquer tipo de comportamento machista ou preconceituoso que eventualmente seja trazido à pauta. Reforçando: prepare-se para a guerra, mas se arme com conhecimento, e não com agressividade. Uma mulher segura de si e do que sabe é imparável. Haja com protagonismo, atenção e superação.

Neste momento, você pode estar pensando: "Não é justo que eu precise fazer tudo isso se um homem não se dá o mesmo trabalho". Sim, isso é verdade. Você está coberta de razão. Mas, como mulheres, estamos em uma batalha por condições de igualdade e de equiparação. E guerras não são justas. Todas as vezes em que precisamos fazer muito além do que nos é exigido, a fim de ocupar um lugar de destaque, devemos ter em mente que estamos lutando para que as nossas filhas, no futuro, não precisem passar por isso. Estamos vivendo uma era em que somos convocadas ao papel de protagonistas de uma virada de chave. Não se apequene diante de grandes desafios. Encare-os como oportunidades e persiga as soluções de maneira obstinada. Precisamos ultrapassar os obstáculos e encarar tudo de frente, sem receios. Não apenas por nós mesmas, mas também por todas as gerações que virão depois da nossa.

As mulheres não são rivais. Elas devem se apoiar mais umas nas outras. Quando você busca inspiração em outras mulheres, também vira inspiração para seus pares. Esse poder multiplicador representa muito. Eu a aconselho fortemente a acompanhar a trajetória de várias líderes e influenciadoras de relevância em nosso país.

Ao estar bem preparada, sem deixar lacunas, ou criar espaço para o subjetivo, você se empodera de tal maneira que ninguém é capaz de roubar o seu lugar de fala. Ter voz não é falar mais alto: é falar melhor. Isso significa expor as ideias com segurança e muita propriedade. Ter voz é ganhar espaço, conquistar autoconfiança e não aceitar as migalhas. Pavimentar a jornada com competência e altivez, para então se sentar à mesa do banquete e degustá-lo com merecimento.

Sempre que você se perceber como a única, ou uma de poucas mulheres em uma reunião, lembre-se de fazer esse trabalho de autoconscientização com antecedência. Garanta que seu equilíbrio emocional esteja afiado. Sua preparação para aquele momento precisa ser impecável. Para cuidar do meu próprio equilíbrio, por exemplo, eu costumo manter uma rotina saudável para cuidar do meu corpo e da minha mente. Adiante eu detalharei mais a respeito desse tema, para que você possa se inspirar e entender a importância de se manter em equilíbrio.

Considero interessante destacar aqui uma reunião em que fui a única mulher entre diversos homens, ocorrida em um ambiente internacional. O encontro aconteceu em 2014 na cidade de Zurique, na Suíça, à época em que a Kopenhagen e a Lindt se preparavam para realizar sua bem-sucedida *joint venture*. Para firmar esse acordo estratégico de parceria entre as empresas, viajei com meu pai para a reunião com a diretoria. Talvez, naquele momento, os executivos suíços me olhassem mais como a "filha do dono", e não como uma figura de liderança. O que fez, então, a diferença para que eles me vissem como uma líder? Tenho certeza de que foi evidenciar, durante o encontro, todo o meu conhecimento a respeito do mercado brasileiro. Apresentei com detalhes o plano estratégico que desenvolvi para o sucesso do acordo e os cenários previstos. Mais tarde, Ernest Tanner (*chairman*), Dieter Weisskopf (CFO e atual CEO) e Patrick Diggelmann (*country manager*) da Lindt, fizeram a mim, publicamente, o seguinte elogio: "Se tem alguém que conhece tudo sobre chocolates no Brasil, esse alguém é Renata Vichi". Entendo esse tipo de reconhecimento como um exemplo claro sobre a importância do preparo, da disciplina e do comprometimento para uma liderança feminina forte e que você deve perseguir ao ingressar no mundo dos negócios.

Finalmente, quero pedir a você que nunca, em nenhuma circunstância, deixe um homem ou quem quer que seja sem uma resposta à altura da situação. Sentiu-se mal com alguma provocação, atitude ou comentário? Mantenha a classe, mas se posicione. Retruque uma, duas, quantas vezes se fizerem necessárias. Não deixe para calar amanhã o engraçadinho que você pode calar hoje.

NEGOCIE COMO UMA MULHER

Negociar é parte integrante das relações humanas. Em uma jornada empreendedora, é ainda mais importante aprender a fazer isso com eficiência. O tempo todo temos que entrar em acordos. O ideal é que as partes envolvidas fiquem satisfeitas.

A boa notícia é que, em muitas situações, nós, mulheres, sabemos como negociar melhor do que os homens. Fazemos uso de certos traços das características femininas que o gênero masculino não possui, ou possui menos desenvolvidos, como a intuição e a capacidade de ler melhor a linguagem não verbal dos interlocutores.

Toda negociação exige estudo, preparo, cuidado com os detalhes. Ninguém vai ser capaz de refutar sua capacidade e sua dedicação como profissional se você demonstrar planejamento. O conhecimento que você detém é a principal arma para ir a uma negociação com a cabeça erguida. Tenha total domínio do seu território e conquiste-o com dados, pois, como sempre digo, a informação é o petróleo da vez.

Já ouvi inúmeras pessoas dizendo: "Aquela mulher negocia como um homem". Esse tipo de comentário eu refuto e repudio. Sinta orgulho em negociar como uma mulher: com conhecimento, instinto, sensibilidade, tato, atenção aos detalhes, altivez, protagonismo e classe. Saiba guardar seus argumentos e conhecimentos para o momento certo de brilhar.

Coloque todas as suas nuances femininas para trabalhar a seu favor e, antes de iniciar a próxima rodada, trabalhe o seu emocional. Nunca permita que alguma interferência a faça perder o foco. Revide sempre que for necessário e só mova suas peças quando tiver a mais absoluta certeza de que o movimento será certeiro. Para isso, é preciso agir com paciência. De maneira geral, as mulheres costumam ser mais organizadas. Sabemos utilizar melhor o tempo, sem ir com muita sede ao pote. Esse traço feminino pode ajudar você a capturar mais informações em suas reuniões e por meio dos contatos que ali se estabelecem. Também analisamos com muito mais cuidado os desdobramentos e as repercussões das alternativas existentes. Tudo isso é determinante para levar adiante negociações bem-sucedidas.

Se você ainda não acredita ser capaz de conduzir negociações de sucesso, talvez precise prestar mais atenção à sua rotina para descobrir as centenas de negociações que conduz com presteza, ao longo do dia, mesmo sem perceber. A condição de ser mãe, ou de poder vir a ser, por exemplo, leva as mulheres a desenvolver uma

JAMAIS DUVIDE DE SUA CAPACIDADE PARA LIDERAR PELO FATO DE SER UMA MULHER.

maneira sutil de perceber os desejos do bebê, interpretando sinais e mensagens não verbais de forma a interagir com ele e atender suas necessidades de proteção e de amor. As mulheres também têm maior necessidade de sociabilidade. Por isso, desenvolvemos qualidades de percepção e de observação mais sutis. Essas características provêm do interesse e do cuidado que temos com os sentimentos alheios. Esse aprendizado e instinto para os relacionamentos podem obter ótimos resultados nas negociações profissionais.

Lute pelo desejável, mas com flexibilidade. Mais ainda: não tenha receio do impasse, pois quem receia o impasse acaba realizando concessões em demasia. Não faça de seu gênero palanque nem degrau, mas use as suas características naturais a seu favor. Negocie como uma mulher, muna-se de informação, identifique os cenários, analise suas chances e faça de cada negociação uma grande oportunidade de aprendizado.

Em 2017, em uma situação inesperada, precisei exercitar tanto a minha flexibilidade quanto meu poder de negociação. A três dias das filmagens de uma grande campanha com a cantora Ivete Sangalo para a Páscoa de Brasil Cacau, que aconteceria em menos de um mês, recebi a informação de que a artista precisaria cancelar o compromisso em razão de cuidados com sua saúde. À época, Ivete estava à espera de suas filhas gêmeas e, naturalmente, sua gestação era uma prioridade. Com tudo já programado e produzido para a grande ação, no entanto, se fez necessário mover céus e terra a fim de não comprometer seriamente o cronograma de produção. Insistir no plano A seria perder um tempo precioso. Com a mobilização dos meus times, que demonstraram resiliência e rapidez de planejamento, foi possível preparar uma campanha igualmente eficiente e satisfatória. Trouxemos a bordo do projeto as atrizes Paolla Oliveira, Flávia Alessandra e Ingrid Guimarães, e foi executada uma mudança de rota bem-sucedida em tempo recorde. Esse episódio reforçou, em mim, a certeza de que líderes precisam ser flexíveis e moldar seus recursos de acordo com a realidade, sem perder tempo lamentando o leite derramado. Se você exerce um cargo de liderança e precisa lidar frequentemente com desafios e mudanças de rota, seja ágil na análise dos cenários. Faça com que os seus colaboradores ajam da mesma maneira, a fim de que todos saiam ganhando. O compartilhamento de desafios, metas e papéis é imperativo para quem deseja inspirar engajamento e mobilização. Aprenda a dividir o seu bastão de maneira estratégica. A união do coletivo empodera as operações individuais, enquanto o reconhecimento dos avanços de cada um colabora com a performance coletiva.

ONDE VOCÊ NÃO FOR VALORIZADA, NÃO SE DEMORE

Eu sei que, muitas vezes, nós nos sujeitamos a cenários áridos em nome de um objetivo maior. Esse tipo de dedicação é válido, mas situações assim precisam ter prazo para terminar. Sustentar, por muito tempo, uma posição de resistência, mesmo em prol de uma configuração positiva no futuro, não é aceitável. Nunca aceite menos do que você merece.

Quando você faz o seu melhor e, ainda assim, por alguma razão, o brilho que lhe é devido permanece ofuscado por outro profissional, ou por puro e simples preconceito, posicione-se a esse respeito. Chame para si o valor que você tem e, se mesmo assim não conseguir que seus líderes e colegas a respeitem e a reconheçam à altura de suas ações, busque oportunidades em outro departamento ou mesmo fora da empresa. Não estou falando de vaidade profissional. Ao obter o justo reconhecimento pelo trabalho executado e pelos resultados obtidos, a tendência é que você fique mais motivada e proativa, provocando assim seu crescimento e o da própria empresa.

Não use o preconceito contra as mulheres como muleta para se conformar com uma posição inferior. Você pode infinitamente mais do que isso. Jamais se esqueça, no entanto, de que nenhum reconhecimento pode ser maior, ou mais valioso, do que o seu próprio. Por essa razão, doe-se e dedique-se ao máximo em tudo o que fizer, utilize todos os seus talentos e habilidades sem reservas, pois desse modo poderá se orgulhar verdadeiramente do resultado produzido. Portanto, onde estiver, faça-se necessária.

Para sermos bem-sucedidas no que fazemos, precisamos nos sentir realizadas onde estamos. Essa realização muitas vezes nada tem a ver com o quanto você ganha, e sim com o ambiente ao redor. Saber que seus colegas admiram seu trabalho, que seus sócios e mesmo seus clientes estão satisfeitos com seus serviços, é tão gratificante quanto um aumento em sua conta bancária. A necessidade de reconhecimento faz parte da natureza humana e ajuda a desenvolver, também, a autoestima. Portanto, não abra mão disso.

Seja a transformação por onde você passar. Nunca duvide de si mesma se, ao fim do dia, você se olhar no espelho e nele vir refletida a imagem de alguém que deu tudo de si e que soube usar, com inteligência e perspicácia, tudo o que aprendeu.

TODO ASSÉDIO DEVE SER COMBATIDO

Neste ponto de nossa conversa, preciso ser muito direta com você: nunca, jamais, deixe passar pequenos comentários ou insinuações, por mais sutis que sejam. Saiba identificar um potencial abusador. Informe-se sobre situações de assédio e fique atenta aos sinais.

Um "você está bonita hoje" passa de vez em quando, mas, se o comentário for mais específico do que isso, ou enviesado para um campo que não seja o profissional, refute imediatamente. As pessoas abusadoras precisam ser colocadas em seus devidos lugares desde o começo. Primeiro você se posiciona: "não acredito que minha beleza seja um fator relevante para o assunto que estamos tratando, mas obrigada".

Se a situação se repetir, seja mais incisiva: "eu gostaria que, daqui para a frente, você não trouxesse mais à mesa os meus atributos físicos, porque eles são irrelevantes para o trabalho". No caso de, ainda assim, não adiantar e a pessoa em questão ignorar a sua posição, envolva o RH da empresa ou qualquer outro apoio que você possa ter. Se mesmo diante desse posicionamento o problema não for dirimido, denuncie a situação às esferas legais.

O assédio moral, assim como o sexual, também precisa ser combatido com posicionamento contundente e imediato. Ninguém tem o direito de levantar a voz ou desmerecê-la, não importa qual seja a razão.

Acho interessante notar que uma das principais acusações feitas por homens machistas seja a de que as mulheres não possuem controle emocional. Faço aqui uma pergunta: que controle emocional existe em um ser que precisa se impor aos gritos ou desmerecendo a outra pessoa para conseguir algo? Nenhum, não é mesmo? Então, não aceite situações desse tipo.

No entanto, nem sempre aquela chamada mais dura do seu gestor homem significa que ele seja machista ou que queira desmerecer seu esforço. Saiba analisar as situações com sinceridade para entender até que ponto você falhou como profissional. Não se esconda atrás de preconceitos para justificar seus insucessos se esta não for, verdadeiramente, a razão daquilo. Repense, analise e, se ainda assim acreditar que sofreu algum tipo de assédio, verbalize.

É importante ressaltar que situações acaloradas podem acontecer no decorrer de uma reunião ou da execução de um projeto. Ânimos exaltados, contudo, não podem, em hipótese alguma, servir de desculpa para a falta de respeito. Esteja ciente disso e, mais uma vez, posicione-se com a firmeza necessária. Nunca deixe para amanhã o posicionamento que você pode tomar hoje. Use essa frase como mantra.

9

CONFIAR EM SEUS INSTINTOS E SEGUIR A SUA INTUIÇÃO: CERTO OU ERRADO?

Eu tenho certeza de que nasci com os instintos comercial e empreendedor realmente aflorados. Desde pequena, vivi em um ambiente no qual o meu pai tinha "a caneta na mão", sempre comprando novas marcas e realizando transações dos mais diversos tipos, que sempre me atraíam a atenção. Mesmo nas minhas brincadeiras de criança, eu me via liderando a tropa, assim, quase sem querer. Esse espírito desbravador e impulsionador de pessoas foi um traço muito forte no meu desenvolvimento e, de certa forma, identificável em meu caráter.

Eu costumava ir com meu pai às festas de fim de ano da empresa e, nessas oportunidades, em lugar de ficar junto de todos, corria para o escritório dele, para sentar à sua mesa e brincar de executiva. Eu já nutria o gosto pelo universo empresarial. Ainda uma jovem adolescente, por volta dos 13, 14 anos, reunia minhas amigas do colégio para realizar bazares de roupas. Juntava algum dinheiro e visitava a rua José Paulino, no bairro do Bom Retiro, na região central de São Paulo, em busca das lojas de vestuário feminino. Ali eu usava o dinheiro que havia poupado para adquirir as peças que colocava à venda no salão de festas do meu prédio. Esses bazares eram levados muito a sério por mim e faziam bastante sucesso, pois eu não desistia até vender a última peça. Minha mãe, Claudia, costumava dizer que desde pequena, aos 5 ou 6 anos, eu já me comportava como uma boa vendedora. Durante os fins de semana de casa sempre cheia, ela providenciava deliciosos canapés e aperitivos para os convidados. Nessas ocasiões, eu pegava os aperitivos e montava na minha casa de bonecas uma espécie de "vendinha", para oferecer os aperitivos aos hóspedes, que provavelmente se divertiam muito com aquela iniciativa.

Ao relatar essas façanhas infantis, quero que você pare e pense um pouco sobre as suas lembranças mais antigas. Com toda a certeza, você também nasceu munida de um instinto diferenciado para alguma área, ou até para mais de uma. Um artista, por exemplo, já vem com a tecla sensibilidade embutida em sua personalidade, assim como os atletas também possuem a competitividade e a disciplina correndo nas veias. Qual é o seu talento interior? Você já parou para pensar nisso? Sem sombra de dúvida, descobrir as habilidades que fazem parte de seu DNA pode impulsionar a sua capacidade empreendedora. Apesar dessa colocação, é necessário fazer um alerta: sem estudo e estímulo externo, não importa o quanto seu instinto e intuição sejam presentes, fatalmente, com o passar do tempo, a tendência é que esse diferencial dê lugar a frustrações. "Eu tinha muito potencial para ser desenhista quando era criança, mas precisei focar em outras coisas e nunca mais voltei a desenhar." Quem nunca ouviu frases desse tipo sendo pronunciadas com um tom de melancolia?

Talvez a minha história tivesse sido diferente se eu não tivesse sido estimulada, desde sempre, a lapidar meus instintos. Caso eu não tivesse buscado aprimorar meu conhecimento na área à qual sempre estive propensa, certamente eu seria mais uma a lamentar: "quando eu era criança, era uma boa líder. Eu queria ser executiva e ter o meu próprio negócio. Mas a vida passa e leva a gente por outros caminhos e aqui estou eu". Provavelmente, eu não terminaria essa frase com sinceridade. Em pensamento, eu a encerraria assim: "E aqui estou eu, completamente frustrada...".

Você se reconhece nesse contexto? Espero que a resposta seja "não". Se você tem um instinto, aquela voz quase inaudível, porém insistente, que afirma qual é o caminho que deve seguir, pare e aumente o som! Ouça a si mesma a fim de compreender os seus instintos e as suas intuições. Siga-os, sempre com a intenção de aprender, de transformar e de se reinventar.

É o instinto que faz o talento sobressair. É ele que permeia o sucesso peculiar de cada indivíduo, tenha a certeza disso. Nunca se esqueça, no entanto, de que você pode ter uma intuição apuradíssima, mas se ela não estiver atrelada a fatos investigáveis ou tangíveis, precisará fazer estudos e testes antes de, intempestivamente, mudar uma rota já definida, sem necessidade.

Tenho um exemplo recente que pode servir como inspiração para você. Ele tem relação com a criação e o empreendimento da terceira marca do Grupo CRM, a Kop Koffee. Eu sabia que o segmento de cafeterias se encontrava em franca expansão no país. Meu instinto, já bastante treinado, dizia que usar os pontos clássicos que fazem a fama da Kopenhagen para montar um modelo de negócios completamente novo e em um segmento diferente seria perfeito. Antes de simplesmente concretizar esse projeto, e mesmo dispondo de todos os meios para isso, eu preferi contratar uma empresa especializada com a missão de verificar se a minha intuição e o meu instinto empreendedor estavam realmente balizados. Ao receber a conclusão dessa análise profissional, descobri que sim, eles estavam corretos. O estudo concluiu que existia uma lacuna no mercado em que caberia uma nova cafeteria no formato que imaginei. A partir dessa certeza, então validada por consultoria externa, iniciei as tratativas destinadas a viabilizar o projeto, que hoje conta com três operações e tem potencial para pavimentar uma sólida avenida de crescimento para o Grupo CRM, além de também cumprir um papel importante por estar em outros momentos da jornada do consumidor Kopenhagen, além de amplificar o *target*. O empreendimento, conforme esperado, se mostrou promissor desde o início.

Em outras palavras: confiar em si mesma é a chave que abre as portas para as possibilidades. Você precisa aprender a se ouvir, a se ler e, na mesma medida, deve garimpar e lapidar seus talentos no intuito de pavimentar uma carreira de sucesso. Acima de tudo, use de extrema sinceridade quando olhar para dentro de si mesma. Observe para onde aponta a bússola de sua intuição, descubra o seu Norte. Se você estiver certa do que deseja, lute e não desvie da rota. Persiga seus objetivos com altivez, sem freios. Nada pode parar uma mulher que sabe o que quer e que não tem medo de se pintar para a guerra.

PARA SER UMA LÍDER E EMPREENDEDORA DE SUCESSO, É SEU DEVER ADOTAR UMA POSTURA MENOS DEFENSIVA EM RELAÇÃO ÀS OUTRAS MULHERES.

10

VENCENDO O MEDO DE VENCER

Para ser uma protagonista, você precisa perder o medo de enfrentar desafios. Sentir medo é normal e, muitas vezes, até bastante apropriado. O medo confere aquela faísca de ponderação fundamental para que não corramos riscos desnecessários. Em outras palavras, o medo a ajuda a assumir riscos calculados e com mais segurança. Todavia, ele não pode ser um fator paralisante. Portanto, você não deve alimentar o medo com incerteza e vitimismo. Vencer desafios faz parte da vida de todo mundo. Não importa quanto dinheiro ou poder você tenha, os desafios estarão sempre batendo à sua porta e esperando para ver qual será a sua atitude: a de uma protagonista ou a de uma vitimista. Vitimistas usam o medo como desculpa. Protagonistas o usam como ferramenta.

Por outro lado, é irresponsável pensar em si mesma como uma profissional imbatível e 100% destemida, porque ninguém o é de fato. Imaginar que seu trabalho ou seu produto seja perfeito é igualmente uma utopia, porque a perfeição é uma característica fugaz. A perfeição não dura para sempre, por isso sua busca é um processo que nunca termina.

Para trabalhar com o medo a seu favor e manter o pé no acelerador, você precisa ter consciência plena de suas capacidades e, na mesma medida, de suas incapacidades. Jamais para que elas sirvam como desculpa, e sim para que funcionem como gatilhos para seus aprendizados. A atitude a empodera e a prepara para vencer os desafios. Mas é o espelho que revela quais são as ferramentas

107

certas para vencer os obstáculos. Desafio não engole desculpa e muito menos se comove com lamentações.

Para vencer desafios é preciso se apaixonar por eles, e essa paixão a motiva a se aprimorar, a buscar caminhos, a garimpar soluções, a pavimentar uma jornada vitoriosa. Essa trajetória, infelizmente, não é linear. Precisamos entender que, para sermos protagonistas, mudar de rota com frequência é necessário. Se não buscar conhecimento a todo tempo, você vai estacionar. Ouso dizer que a falta de comprometimento com a capacitação constante é uma das maiores razões para a falência das empresas e a obsolescência dos profissionais, independentemente do gênero.

Se você se encontra refém do medo, lembre-se do que falamos anteriormente: haja o que houver, aja! Não fique parada, esperando que as situações se acumulem a ponto de obscurecer sua visão de futuro. Seja multifocal, resolvendo o que está mais perto, mas sempre enxergando o que se encontra mais distante.

O preconceito existe, ele é real. Entretanto, para combatê-lo, você precisa ter obstinação e ser cirúrgica na construção da sua carreira. O preconceito é um desafio que você precisa enfrentar, ou será ele que virá confrontá-la.

Quero dividir com você algumas mensagens que podem auxiliá-la na construção desse processo de entendimento do seu papel como mulher e do que você precisa desenvolver para suplantar os preconceitos:

- Tenha medo, mas não o alimente.
- Uma mulher protagonista é tão incansável no estudo de seu papel que o desempenha de olhos fechados. Não porque confia apenas em seu talento, mas porque sabe que nem ele subsiste sem extrema dedicação.
- Enquanto você não se apaixonar por desafios, eles continuarão sendo obstáculos, quando poderiam ser degraus.

- Incerteza se combate com estudo. Insegurança se vence com estudo. Vitimismo se vence com protagonismo.
- Desculpa e justificativa formam a dupla padroeira do fracassado.
- O erro é a parte mais importante do aprender. Fazer do erro uma rotina é alimentar o desafio com um banquete.
- Saiba reconhecer se a sua insegurança é fruto da falta de conhecimento ou do medo.
- Medo se vence com atitude. Desafio se vence com conhecimento.
- Buscar apoio e ajuda é o primeiro passo para vencer qualquer obstáculo.
- Não faça de sua carreira uma jornada solitária. Busque aliados e mentores.
- Não permita que o seu ego a transforme em uma ilha. Fazer alianças é fundamental.
- Sem desafio, não há sucesso!

Com essas palavras, espero que você se inspire a chutar os limites de sua zona de conforto para longe e a assumir as rédeas de sua carreira de uma vez por todas.

11

COMO SE TORNAR IMUNE AOS RÓTULOS

Eu sou filha única. Diante dessa afirmação, você pode imaginar que eu tenha sido uma criança mimada. Se assim pensou, não poderia estar mais enganada. Sim, minha família sempre teve uma boa condição de vida. Isso não significa que fui criada com regalias, com tudo à mão. Meus pais me educaram para ser a protagonista de minha história, não uma jovem acomodada que acha que está com a vida garantida. Eles sabiam que, desde muito cedo, eu precisaria de estímulos e de gatilhos que me inspirassem a buscar o protagonismo dentro de mim.

No início deste livro, deixei claro ser impossível falar a respeito de protagonismo feminino sem tratar da questão dos rótulos. É importante reforçar esse ponto, pois eliminar os estereótipos que circundam o universo feminino, especialmente no mercado de trabalho, é justamente o ponto de partida para a desconstrução de todas as barreiras invisíveis que existem e que travam todas nós, mulheres. São esses clichês que nutrem, em alguns homens, a falsa sensação de superioridade. Reitero aqui que fui criada para ser imune a esses conceitos falaciosos.

Eu também nunca fui superprotegida pelo fato de ser uma menina. Tampouco podia fazer tudo o que quisesse. Felizmente, sempre fui estimulada a refletir sobre meus objetivos e a persegui-los com afinco e dedicação até alcançá-los. A disciplina que envolve essa busca foi igualmente semeada em meu espírito desde muito cedo. Cresci sabendo que, independentemente da condição financeira dos meus pais, para ter dinheiro e gastá-lo como quisesse, eu deveria trabalhar. Tirar boas notas era o mínimo que eles espera-vam de mim, assim como eu era a responsável por minha rotina, pela organização de minhas atividades, e era devidamente cobrada por elas. Viver de mesada nunca foi uma opção. Além disso, se eu quisesse algo feito, eu mesma teria de fazê-lo. Esse tipo de criação me ajudou a desenvolver autoconsciência a respeito do que depen-dia de mim e unicamente de mim, visando obter tudo o que eu al-mejava na vida. Em suma, fui impelida a construir minha história desde cedo e a ter uma voz ativa.

Se você foi criada acreditando ser frágil, ou que deveria se iso-lar dentro de uma redoma à prova de protagonismo, está na hora de eliminar essas premissas de seu pensamento. Aceite o fato de que passou muito tempo equivocada. Você é uma mulher perfei-tamente capaz. Todas nós somos. O que você precisa para assumir seu protagonismo é desenvolver a autoconsciência a respeito de seu papel. Isso vale para todas as esferas da vida. Dessa maneira, con-seguirá ativar a ignição para uma mudança de comportamento que ecoará alto, inclusive no mercado de trabalho. Na mesma medida, as empresas precisam se comprometer com políticas que sejam realmente pautadas pela meritocracia e sem distinção de gênero, a começar pela contratação de seu quadro de funcionários.

Em minha mente, nunca permiti me enxergar como "a herdeira". Eu queria ser uma sucessora. Trata-se de conceitos muito distin-tos. Enquanto uma herdeira recebe de mão beijada o que alguém antes dela construiu, a sucessora colabora para essa construção e se compromete a manter os bons resultados e, inclusive, a superá--los. Para suceder os passos de meu pai na companhia, eu sabia que precisaria começar do zero, dando um passo de cada vez. Não havia outro caminho a não ser trabalhar duro para entender todos os meandros da empresa, estudar o mercado e me aprimorar em todos os seus aspectos.

Atualmente, os únicos rótulos que aceito ostentar, com muito orgulho, são estes: sou a Renata, filha do Celso e da Claudia, esposa do Fernando, mãe do Bruno, atleta, mulher, CEO do Grupo CRM. Sou a protagonista de minha história e, hoje, estou aqui disposta a ajudar você a se tornar também uma protagonista. Para isso, você precisa usar os atributos tipicamente femininos a seu favor, e não o contrário. Quer um exemplo? Por natureza, temos o poder de ser pessoas multitarefas. Então, assim sejamos. Contudo, não podemos permitir que essa habilidade se traduza na absorção de todas as funções e de todas dores do mundo. É preciso agir com sabedoria e, sobretudo, com estratégia.

Cada papel de grande responsabilidade que eu assumo exige que minhas habilidades femininas sejam usadas estrategicamente. Para isso, o primeiro passo é não olhar para as circunstâncias, e sim para o alvo que se pretende atingir, tendo em mente que nada nem ninguém deve ficar entre você e seus objetivos. Pessoas ou circunstâncias não podem definir quem você é. Apenas você tem o poder e a permissão de fazê-lo.

Ao longo de minha carreira, muitas vezes tentaram me rotular. Permaneci imune a isso porque me empoderei. De que maneira? Estudando, me informando, trabalhando de maneira incansável e obstinada. A Renata de dezesseis anos de idade já sabia exatamente aonde queria chegar e lutou por cada vitória. Em alguns momentos, quando duvidavam de meu potencial ou de minha capacidade, eu apresentava números, resultados. Independentemente de sua área de atuação, os dados e os resultados sempre falam mais alto.

Lapidei minhas características femininas para usá-las a meu favor. Se você quer trilhar um caminho vencedor como o meu, precisa fazer o mesmo. Um ponto importante é manter uma relação transparente com o espelho e nunca usar o preconceito como muleta. Se o feedback de seus colegas é de que a veem como uma pessoa demasiadamente emocional, faça uma autoanálise e veja até que ponto esse rótulo é justo. Se ele for condizente com a sua própria análise, é hora de colocar o seu lado racional para jogar e fazer com que essa transformação produza resultados.

Quero que você memorize estas palavras: aprimore as características femininas que a favoreçam e suprima aquelas que a atrapalham. Simples assim. É dessa maneira que eu consigo manter um equilíbrio produtivo, capaz de me fazer superar os obstáculos e gerar valor.

Quando você permite que as pessoas lhe colem rótulos, acaba por se conformar com as máximas do mercado. Isso é inaceitável. Lembra-se de quando eu falei sobre a maneira como fui criada? Por ali você pode perceber que essa minha imunidade a rótulos veio de uma vacina: a forma como fui estimulada desde a infância. Isso significa que a mudança geral do quadro que vivemos na questão de gênero está intimamente relacionada à maneira como estamos educando a próxima geração.

Meu filho, Bruno, é ensinado a ver as mulheres como iguais. Nem como seres supremos nem como santas, em pedestais, como algumas pessoas insistem em nos colocar. Ele sabe que as mulheres não são seres inferiores em nenhuma questão, porque assim lhe foi ensinado dentro de casa.

Felizmente, muitas mulheres líderes no mercado foram educadas como eu: para irem à luta, com disciplina e sem fragilidades que justifiquem seus eventuais fracassos. Existem outras que são fruto de uma cultura familiar machista e que resolveram, por si mesmas, quebrar essa cadeia viciosa, porque se deram conta do grande equívoco que é desacreditar em nossa força. Lembre-se: o poder da transformação do cenário atual está em nossas mãos. Está em suas mãos.

Não é justo que você crie uma princesa cercada de privilégios e, em determinada altura da vida, exija que ela vire a chave e se transforme em uma "guerreira". Essa palavra, aliás, não é a mais adequada para traduzir uma mulher empoderada. Quando você trabalha, prospera, dá conta dos filhos e das demais incumbências de sua vida, você não deveria ser vista como uma guerreira, e sim como uma protagonista correndo atrás de seus objetivos. Se queremos igualdade, temos de plantar essa igualdade.

Devemos estimular nossas filhas a serem estudiosas, inteligentes, leitoras. Temos que ensinar que elas podem ser CEOs de grandes empresas, que elas podem ter os bens de consumo que desejarem. E precisamos parar de educar nossas meninas para projetar essas ambições na figura de um marido. A mulher não é um pano de fundo para viver atrás de um grande homem. Isso precisa acabar. A mulher, por si só, pode ser grande. E você? Já tomou consciência de seu tamanho? Pare agora mesmo de se diminuir para caber em rótulos que não são seus. Seja a protagonista que você nasceu para ser.

MAIS UM POUCO SOBRE A IMPORTÂNCIA DA AUTOCONSCIÊNCIA

Em um mundo em que se celebra a autoconfiança, sou sempre mais a favor de desenvolver a autoconsciência. Ter autoconfiança é algo importante, sem dúvida, mas o processo de autoconsciência é uma força propulsora. A partir do momento em que você reconhece suas limitações, fica muito mais fácil estabelecer o que precisa melhorar. Você deixa de negligenciar suas limitações e passa a trabalhar suas fraquezas, sem escondê-las debaixo do tapete para parecer autoconfiante. Muitas vezes, as pessoas dizem: "Ah, mas eu não sei qual é minha limitação". Esse é um sintoma claro de quem não está trabalhando a autoconsciência. Todas nós possuímos limitações e elas podem ser muitas. Você pode ter uma limitação técnica, funcional, ou até comportamental. Você pode ter uma limitação de *background*, de comunicação ou de conteúdo. Enfim, sem fazer uma viagem ao centro do seu próprio eu, dificilmente você descobrirá no que precisa melhorar, ou mesmo saberá como obter ajuda. Ao reconhecer e trabalhar seu processo de autoconsciência, poderá se cercar de perfis complementares e capazes de potencializar em menos tempo a entrega dos resultados que você almeja.

Nos meus muitos anos de carreira, não conheço o êxito de uma pessoa de maneira isolada, e sim o sucesso do esforço conjunto e do trabalho colaborativo. Dar espaço para que outros profissionais colaborem com a sua missão é um verdadeiro pulo do gato. Pense se você está abrindo espaço para que outros colaborem com seu crescimento. Muitas vezes, você pode até reconhecer a sua limitação, saber que precisa se cercar de perfis complementares, mas tem medo de abrir espaço para o próximo. "E se o outro me ofuscar?", "E se eu der espaço para que o outro apresente aquilo cujo conteúdo eu domino, porque tem uma oratória melhor que a minha?", "E se eu compartilhar com quem domina a oratória, mas não tanto o conteúdo... para quem vai o mérito?". Essas são dúvidas que costumam povoar a mente de quem ainda não desenvolveu um vínculo legítimo de cooperação. O mercado atual vem reconhecendo cada vez mais a importância de líderes que potencializem seus times e permitam que todos brilhem a seu modo. Nas reuniões de Conselho de Administração de minha companhia, meus diretores apresentam conteúdos e recebem, de minha parte, o apoio necessário para que se sintam empoderados. Em outras palavras, procuro prover a cada um o suporte necessário, colocando em primeiro lugar a empresa, e não o meu ego.

Eu gostaria que você criasse um sistema próprio para fazer exercícios de autoconsciência de tempos em tempos. Analise seus pontos fortes e fracos, suas habilidades, tudo de que precisa para alcançar seus objetivos, e pense em quem poderá auxiliá-la a concretizá-los. Some forças e, no processo, aprenda cada vez mais.

RASGANDO RÓTULOS NA PRÁTICA

Eu me considero uma mulher que rompeu com os rótulos. Aliás, costumo dizer que rompo com eles diariamente, porque o mercado é insistente e não se conforma quando você simplesmente segue em frente, sem se deixar limitar por antigas máximas. Enfim, uma mulher que não permitiria que suas marcas fossem limitadas por rótulos com os quais não concorda.

Posso citar o exemplo da Kopenhagen. A marca nasceu como precursora em seu segmento e, embora tenha quase um século de existência, a inovação sempre foi sua essência. Como uma marca que tem a inovação como pilar, e não como projeto, poderia ser considerada uma marca tradicionalista, com essa conotação jocosa de ser estacionada no tempo? Jamais! Ela inspira tradição porque tem como pauta a visão de futuro e perenidade do negócio, mas não precisamos, para isso, ser tradicionais.

A Kopenhagen segue como uma marca precursora e faz de seus sabores icônicos o seu principal ativo. Cria e inova o tempo todo porque acredita que essa ousadia reforça seu território e a mantém no topo do segmento. A Kopenhagen vende muito mais que chocolates. Vende presentes recheados de sabor e capazes de gerar lembranças. É por essa razão que o elo emocional com o consumidor se fortalece a cada dia.

A MULHER EMPREENDEDORA NÃO ESPERA ACONTECER. ELA SE COLOCA EM AÇÃO E ENGAJA OS QUE ESTÃO A SEU LADO.

Em 2008, o mercado estava em ebulição e absolutamente favorável a expansões, principalmente com produtos tendo como alvo as classes B, C e D. Eu poderia, então, ter flexibilizado o território da Kopenhagen. Para fazer isso, no entanto, precisaria virar as costas ao meu público-alvo e essa não era uma alternativa aceitável. Decidi por ser inflexível na defesa do território da marca e, em uma mesa repleta de homens e de ideias, todas envolvendo essa flexibilização, eu disse não. Se estivesse sendo movida apenas por instinto, teria sido tratada com subjetividade e, talvez, até tivesse sido voto vencido. Mas, como já falamos, para ser uma mulher protagonista, você precisa estudar à exaustão o seu papel. É preciso ter, na ponta da língua, dados irrefutáveis que sustentem seus argumentos. E eu sempre fui mestra em fazer essa lição de casa. Assim, encabecei a primeira grande inflexão estratégica de minha carreira. Em vez de alterar a posição estratégica da Kopenhagen, eu trouxe para a mesa o plano de desenvolvimento de uma segunda marca, a Chocolates Brasil Cacau. Foi dessa forma que nasceu também o Grupo CRM, que em pouco tempo se consolidou como um dos maiores grupos franqueadores do país. Hoje, a Brasil Cacau possui mais de quatrocentas lojas e tem a sua própria história. Com uma energia ímpar e uma capacidade de reinvenção inigualável, atributos necessários para sobreviver como uma marca jovem e feita para os jovens, a Brasil Cacau tem se destacado cada dia mais.

Em 2017, nasceu a SoulBox, empreendimento que desenvolvi junto com outros dois sócios. A Soulbox é um estúdio com modalidades exclusivas de atividade física, em um modelo de negócios *pay per use*. É um espaço onde a mulher pode exercer sua força física e mental, sem abrir mão de sua vaidade e do prazer de conviver em um ambiente projetado para dar vida aos detalhes. O estúdio é considerado líder em seu segmento na cidade de São Paulo e está em expansão.

Após três marcas bem-sucedidas e tantos rótulos rasgados, resolvi empreender novamente. No fim de 2019, o Grupo CRM inaugurou a Kop Koffee, uma cafeteria *spinoff* da Kopenhagen. A marca tem construído em pouco tempo uma história vencedora, mesmo ao atravessar os complexos desdobramentos de uma pandemia.

Neste ponto, talvez você se questione: como a Renata consegue fazer tantas coisas ao mesmo tempo? Veja bem: este é mais um rótulo que o mercado impõe, ou seja, que, para ter foco, deve-se fazer apenas uma coisa de cada vez. Isso não é verdadeiro. Meu pai costuma dizer que, se você tiver uma tarefa muito importante para delegar, deve entregá-la à pessoa mais ocupada. Isso porque é justamente quem cumpre várias demandas que consegue se organizar melhor, ou seja, aprendeu como otimizar eficientemente o seu tempo. Mas veja: existe uma diferença grande entre ser ocupada e eficiente. A eficiência é fruto de sua capacidade de organização.

Eu exerço várias atividades e me concentro em cada uma delas na mesma medida. O segredo está em compartimentalizar cada coisa em seu devido lugar, sempre com muita disciplina. Procuro criar planos de ação coesos e com foco em prioridades. Como diz o ditado: "Relógio atrasado não adianta". Para que você seja eficiente, produtiva e multifocal, deve estabelecer prazos e elaborar cronogramas sólidos. Cogite fazer um curso específico sobre gestão de tempo. Eu busco ser organizada em minhas tarefas, justamente para ser eficiente nas multitarefas que escolho exercer todos os dias. Assim como você, preciso cumprir inúmeros papéis. Além de comandar as marcas sob minha gestão, tenho o papel de filha, de esposa, de mãe, de mulher. Há alguns anos, eu me convenci de que precisava levar um estilo de vida mais saudável para dar conta do recado e, como levo tudo muito a sério, desenvolvi uma rotina de atleta, com o apoio de profissionais em preparação física. Meu dia começa antes das cinco horas da manhã e realizo, em média, dois treinos por dia.

Esse treinamento potencializou tanto a minha resistência quanto a capacidade de atenção. Sugiro que você pense a respeito. Sobre esse assunto, falaremos mais detalhadamente adiante.

Agora é com você: que rótulos acredita que precisa rasgar hoje?

AS EMPRESAS TAMBÉM PRECISAM RASGAR RÓTULOS

Como CEO, tenho por hábito estudar bastante o mercado. Nesse processo, percebo que muitas empresas têm boas intenções em relação à igualdade de gêneros. Poucas, no entanto, conseguem promover ações efetivas a esse respeito. Como sabemos, apenas a boa intenção não basta. As empresas precisam se pautar pela capacidade de seus profissionais. Precisam criar políticas que estimulem a contratação de mulheres capacitadas e, principalmente, devem criar um ambiente seguro para que elas possam desenvolver todo o seu potencial. O primeiro rótulo corporativo que precisa ser rasgado de uma vez por todas é justamente este: o de que é impossível mudar!

Precisamos de mulheres capazes na liderança. O Grupo CRM é um exemplo vivo de como uma empresa que cria um ambiente propício para o desenvolvimento feminino e que possui mulheres em seu C-level (diretoria) é capaz de apresentar uma jornada de sucesso. O Grupo CRM tem 60% dos cargos gerenciais e de diretoria ocupados por mulheres.

Segundo um estudo da McKinsey, companhia norte-americana líder mundial no mercado de consultoria empresarial, as empresas com mais mulheres em postos de liderança veem um resultado operacional 48% maior, assim como um potencial de crescimento 70% mais elevado. E mais: as companhias com diversidade de gênero na liderança reportam crescimento de 5% a 20% nos lucros. Mesmo com todos esses números rigorosamente mapeados, no Brasil apenas 3% das mulheres ocupam cargos de liderança. Vale ressaltar que 60% dos alunos universitários são mulheres. O que esses números demonstram? Que as mulheres têm, sim, buscado capacitação, mas não conseguem oportunidades de desenvolvimento em contrapartida.

Quando temos uma política empresarial pautada na equidade entre os gêneros e na meritocracia pura e simples, criamos um ambiente no qual as características predominantes de ambos os gêneros se equilibram e se completam. E todos saem ganhando.

Porque, sim, as marcas também são rotuladas – e se esses rótulos não refletem a verdadeira essência e o propósito da marca, também precisam ser rasgados.

Como mulheres, precisamos atuar para diminuir esse *gap*. Mas apenas no "gogó" isso não vai funcionar. Já temos no mercado inúmeras mulheres forjadas para enfrentar qualquer cargo e se destacar. Eu espero que você seja uma delas. Se for esse o caso, saiba que as empresas precisam tirar do papel suas políticas e planos de igualdade. Não podemos cultivar um ambiente formado de cargos tipicamente femininos e tipicamente masculinos. Todas as pessoas são aptas e elegíveis para qualquer função, não importando o cargo a ser exercido. Para isso, é necessário que as companhias criem e desenvolvam oportunidades independentemente do gênero. Os homens encontram mais facilidade no mercado de trabalho, isso é fato, e isso precisa acabar. Se você já ocupa uma posição de liderança, empodere-se com mais conhecimento e menos discurso e ajude a rasgar os rótulos ultrapassados. E se você é homem e está lendo este livro, faça-nos um favor: encoraje as mulheres de sua vida a vencer o medo e exercer o seu lugar de direito. Você também terá muito a ganhar com isso.

12

ATITUDES AUTOSSABOTADORAS EM SUA JORNADA DE LIDERANÇA E EMPREENDEDORISMO

Neste capítulo, eu a convido a pensar sobre um inimigo invisível: o autoboicote. Refiro-me a atitudes que podem levá-la a obter um retorno negativo ou diferente do que você esperava, por causa de obstáculos ou de empecilhos que você mesma cria, consciente-mente ou não. A autossabotagem é tão perigosa que pode impedir seu crescimento, paralisar suas ações e inibir suas iniciativas em direção ao sucesso.

O autoboicote é também bastante sorrateiro, porque surge nas mais diferentes versões: quando você procrastina a realiza-ção de tarefas, quando não assume a responsabilidade por seus erros, quando culpa a falta de sorte por um projeto mal planejado, quando não administra bem o tempo. Adotar uma postura vitimista, agressiva ou controladora demais também tem relação com esse mecanismo autodestrutivo. Para fugir desse vilão, é imperativo que você descubra os gatilhos que a induzem a ser sua própria algoz. Descobri bastante cedo que o melhor antídoto para romper esse círculo vicioso é o autoconhecimento. Lembra-se de quando, em capítulo anterior, falei sobre a importância de abandonar a janela para se olhar no espelho? Esse exercício é ainda mais essencial para detectar e corrigir um perfil autossabotador. Infelizmente, inúmeras mulheres ainda não compreenderam a importância de identificar comportamentos e crenças limitantes e acabam por ali-mentar os próprios monstros em lugar de dizimá-los. Deixam de avançar e, pior que isso, passam a retroceder.

Assumir uma postura defensiva, parar de ouvir, ter problemas em delegar tarefas, fugir de avaliações de desempenho e criar desculpas são formas de autossabotagem. Mulheres que se autoboicotam tendem a preservar-se de situações que possam transparecer suas vulnerabilidades, pelo receio de serem vistas como ineptas. Interessante é perceber que assumir vulnerabilidades não é sinal de fraqueza, e sim de força, conforme já discutimos no capítulo 5.

É preciso ter coragem para assumir que precisa melhorar em determinada área, bem como para deixar claro que você equilibra vários pratos ao mesmo tempo e, às vezes, precisa de ajuda. Quando você deixa de se comportar como uma mulher de ferro para ser quem é, angaria a empatia das pessoas ao seu redor e se torna mais acessível.

Desenvolver um sentimento de inferioridade é outra maneira de caminhar para trás. Quantas vezes você já pensou "Não consegui aquela promoção porque eu não era boa o bastante", ou "As minhas vendas não foram tão boas quanto as do meu concorrente"? Ao se concentrar somente no resultado, você se esquece de prestar atenção ao que veio antes da vitória. Provavelmente, muito trabalho, estratégia e dedicação. O ponto de chegada é sempre consequência do que foi feito ao longo caminho. É necessário lembrar que cada profissional tem o seu potencial, a sua força motriz. Essa diversidade é um ativo valioso para qualquer empresa. Companhias não são construídas por clones, muito menos a partir de cópias idênticas de determinado modelo de profissional. Você, portanto, não precisa ser igual a nenhuma outra pessoa para conquistar seu lugar ao sol.

Assim como se inferiorizar é um problema, desdenhar das conquistas dos demais também é um caminho tóxico e bastante limitante. Reconhecer os atributos e o empenho dos colegas é um caminho muito promissor de aprendizagem. Quando passa a encontrar razões que não são pautadas em esforço para avaliar a conquista dos outros, você deixa de aprender com os erros e os acertos de seu próximo. Por exemplo, antes de pensar "A fulana só conseguiu porque tem contatos que eu não tenho!", procure se conectar com a "fulana" e tente fazer dela um contato propulsor para suas próximas iniciativas. Todo êxito envolve mérito e saber reconhecê-lo também é uma forma bastante produtiva de autoconhecimento e, principalmente, de exercitar a cultura do coleguismo, tão fundamental nas organizações. Afinal, ninguém avança sozinho.

Eu também acredito que desburocratizar e delegar são atributos fundamentais quando se pretende praticar uma liderança focada em resultados. A líder autossabotadora deseja controlar todas as tarefas, pessoas e resultados. Ela tem dificuldades em delegar o que precisa ser feito, porque teme perder o controle e o crédito sobre seu próprio time. Assim, tende a se sobrecarregar e transmitir uma mensagem de desconfiança em relação aos colaboradores. Estes, por sua vez, se afastam e se desinteressam pela jornada, por não se sentirem valorizados ou inspirados por quem deveria ser um farol. Esse tipo de autoboicote é mais comum do que se imagina e, em minha posição como CEO de uma grande companhia, aprendi a combatê-lo com braço forte. Em meu dia a dia, busco estratificar as informações para elencar as prioridades e desenhar os processos necessários. Crio métodos ágeis de execução e então delego tudo o que não dependa exclusivamente de minha dedicação. Costumo usar a minha autoconsciência para engajar os times e aplicar minha visão sistêmica para confiar cada papel à pessoa certa. Dessa forma, consigo garantir a excelência de minhas entregas, ao mesmo tempo que inspiro meu time imediato a fazer o mesmo. A líder eficiente não é aquela que deseja abraçar o mundo sozinho. Ela transforma seu mundo em um lugar bom para todos, inclusive para si mesma.

Procrastinar, termo tão usado nos dias de hoje, é outra forma de autossabotagem. Adiar o que precisa ser feito provoca ansiedade, e isso se reflete em todas as esferas da vida. O que realmente a impede de agir? Qual é a dor que seu cérebro antecipa e faz com que você não encare suas obrigações e se torne uma postergadora crônica? Essas são algumas perguntas que você deve fazer a si mesma se quiser derrotar esse monstro. Provavelmente, descobrirá que mudar de atitude e reassumir o controle sobre as decisões pode ser libertador, pois o bem-estar gerado pelo adiamento de uma tarefa costuma ser apenas temporário. Quem procrastina demais também costuma ter dificuldades em administrar as próprias emoções. Se este for o seu caso, esteja atenta aos seus sentimentos, invista em uma terapia a fim de aprender a gerenciar essas vivências, e não apenas o seu tempo. A mudança não acontece da noite para o dia, mas ocorre se você estiver decidida a progredir.

Algumas vezes, você não procrastina, mas se esquece de calcular os imprevistos em seus planos ou projetos, ou de estabelecer uma escala de prioridades e prazos. Se você faz isso, talvez espere que as coisas se resolvam sozinhas, como em um passe de mágica. Sinto dizer, mas isso só acontece na ficção. Uma agenda desorganizada a deixa a mercê dos acontecimentos, como um barco sem remo. Você se movimenta conforme a maré, em lugar de estabelecer o ritmo que realmente a interessa para chegar ao destino. Eu consegui estabelecer uma relação bastante confortável com meu próprio tempo ao desenvolver uma agenda e ser fiel a ela. No meu trabalho, as pessoas até costumam dizer que eu sou uma "mulher-polvo", porque, mesmo diante de tantas atribuições, consigo realizar o planejado. Eu não inventei nenhum feitiço nem me transformo em uma super-heroína com poderes especiais. Para alcançar esse resultado positivo, uso uma ferramenta disponível para todas nós: a priorização. O que isso significa? Que, mesmo fazendo muitas coisas ao mesmo tempo, sei onde se encontram as minhas prioridades. Determino previamente o que deve vir antes ou depois e o porquê disso. E reavalio diária ou semanalmente a posição de cada item da minha lista. Sei a qual atividade devo dedicar meu foco em cada período do dia e, com muita disciplina, obedeço rigorosamente essa hierarquização.

Já ouvi muitas mulheres dizendo que não conseguem dormir em razão do excesso de trabalho. Talvez você mesma seja uma delas. Se você analisar a agenda de uma dessas mulheres, vai se surpreender com a quantidade de cursos, projetos, compromissos e eventos desnecessários. Não se trata somente de uma sobrecarga de atribuições, e sim da falta de uma avaliação sobre o que, de fato, é fundamental. Será que você precisa mesmo fazer aquele curso de francês, enquanto escreve uma dissertação para o seu MBA, e ainda participa de um ciclo de palestras e fecha o orçamento do próximo trimestre? Nos dias atuais, muitos acreditam que o sucesso profissional é proporcional ao número de certificados obtidos, mas isso não é verdadeiro. Na maior parte das vezes, os cursos acabam sendo abandonados pela metade, porque não correspondem às expectativas. Então outros são iniciados e abandonados no meio do caminho. Será que você é do tipo que se matricula em uma academia de ginástica ou em uma aula de tênis, paga pelo semestre inteiro e abandona ainda no primeiro mês? Será que vale a pena?

Eu bem sei que, no meio coorporativo, que requer alto desempenho e velocidade constante, é comum tentar ir além do que é possível. Mas quando sua própria cobrança se torna desproporcional, tudo o que você consegue é justamente o fracasso. O desafio não pode ser o obstáculo que a trava, e sim o gatilho que a impulsiona para a frente. Não se conforme com as máximas que o mercado tenta impor e, principalmente, não se autoboicote tentando incluir mais afazeres e compromissos do que é capaz de abarcar.

Algumas situações difíceis dão a você a oportunidade de crescer e se desenvolver muito mais do que se tudo transcorresse às mil maravilhas. As crises podem ajudar a acessar determinadas esferas interiores que situações de mar calmo não conseguiriam. Se você já assistiu ao filme *Em busca da felicidade* (2007), estrelado por Will Smith, talvez se recorde da força e da persistência do personagem Chris Gardner. Mesmo diante do sofrimento e de todos os obstáculos, o protagonista segue em frente, se renova e encontra seu espaço na vida. O enredo nos ensina que, independentemente de qualquer coisa, cada situação pela qual passamos em nossa vida traz consigo ensinamentos valiosos. Uma das frases mais inspiradoras do filme é esta: "Senhor, não remova esta montanha! Me dê forças para subi-la!".

De nada adianta ter uma lista interminável de tarefas e aspirações. Isso só acarreta ansiedade e cansaço. Mais vale uma lista com duas tarefas por dia realizadas com foco e esmero para que delas surjam resultados reais e que possam se multiplicar do que fazer vinte coisas em um mesmo dia sem que desse mar de tarefas surja algo realmente frutífero. Estar constantemente sobrecarregada está fora de moda. É fato que muitas mulheres encaram duas, três jornadas de trabalho, estudo e afazeres domésticos, mas é preciso que você saiba equilibrar somente o essencial para se manter em uma vida produtiva e não ficar presa em um *looping* de atividades sem fim.

Eu não poderia encerrar este assunto sem falar sobre a importância de trabalhar o seu livre-arbítrio. Para mim, isso significa escolher sempre o próprio caminho, independentemente de quem seja o dono do poder. Quando eu era apenas uma adolescente, minha mãe costumava levantar o talão de cheques e dizer: "Enquanto você depender do meu dinheiro, eu tenho a força". Ela queria me ensinar a importância de buscar a independência financeira, e assim o fiz. Aos 21 anos, eu já tinha conseguido criar uma poupança substancial. Para conseguir isso, mantive uma disciplina tão rigorosa que minha mãe, brincalhona, me chamava de "generala". Mantenho essa disciplina até hoje. Todos os meses, separo meus gastos e realizo uma provisão, de modo a me manter dentro do orçamento. Determinei que só posso viver com um terço do que eu ganho e que devo investir os outros dois terços com vistas ao meu futuro. Como mulher, você deve ambicionar a independência financeira se quiser ter segurança e autonomia em todas as relações. Isso é ter livre-arbítrio no que diz respeito ao seu futuro e às suas decisões no presente. Não preciso, por exemplo, perguntar ao meu marido se posso comprar um presente para meu filho ou para mim mesma. Agora, sou eu quem pode dizer, com orgulho: "eu tenho a força". Essa é uma sensação indescritível. Sugiro que você desenvolva esse poder não apenas em relação às suas finanças, mas também em seu trabalho. O que isso significa? Se você acreditar que somente o seu gestor possui a força, a voz ativa que determina seu sucesso profissional, você não conseguirá ser propositiva, muito menos ser protagonista. Você estará, em outras palavras, se autossabotando.

Eu tenho certeza de que você tem todos os recursos necessários para se proteger do autoboicote. Da mesma maneira que você pode ser a pessoa que mais se prejudica, também pode ser sua melhor aliada. Basta apontar o canhão para a direção certa. Pelo menos 80% da transformação que você deseja está em suas mãos. E isso é muito! Mantenha-se, portanto, consciente, questione-se, revisite conceitos e, não custa repetir, dê uma boa olhada no seu espelho.

COMBATENDO A AUTOSSABOTAGEM NA PRÁTICA

Provavelmente, depois de ler sobre a importância de combater os mecanismos de autoboicote sobre os quais tratamos há pouco, você se pergunte: "Ok, mas o que a Renata faz em seu dia a dia para se manter nos trilhos?". Além de assumir uma atitude autovigilante, desde o início de minha jornada profissional eu construí alguns rituais indispensáveis e que me ajudam a eliminar os principais vilões, tais como a falta de disciplina, a procrastinação, o excesso de controle, e assim por diante. Acredito que criar uma agenda organizada, por exemplo, constrói uma rede de segurança que me impede de cair em armadilhas corriqueiras de evasão de tempo.

Para fazer minha organização semanal, por exemplo, eu dispenso assistentes ou secretárias e prefiro pôr pessoalmente as mãos na massa. Costumo ser bastante assertiva em relação ao retorno de meus colaboradores no que se refere à minha composição de horários, de modo que todos fiquem comigo na mesma página. Também checo os e-mails e as mensagens diretas ao fim de cada dia. Uso uma sinalização diferenciada em cada um deles, de acordo com o grau de prioridade e urgência. Escolhi fazer uma categorização por cores, a fim de facilitar a visualização. Depois de ler as mensagens recebidas, verifico, ainda, os e-mails que eu mesma enviei no dia anterior. Separo aqueles sem resposta ou com pendências a resolver. Utilizo uma planilha de Excel para estabelecer um *status/report* para cada processo e altero a posição de acordo com o andamento. Aos domingos, retorno às mensagens sinalizadas durante a semana para analisar sua evolução, verificar o que já está ou não em minha planilha *status/report* e agendar as reuniões necessárias da semana que se inicia. Cada profissional envolvido recebe uma atualização de minha parte, para que possa se manter no mesmo compasso e, assim, também se organizar da melhor maneira. Em resumo, procuro gastar o tempo certo na atividade certa, para obter os melhores resultados não apenas para mim mesma, mas também para todos.

Realizar reuniões de time verdadeiramente produtivas é outro de meus antídotos de combate à autossabotagem. Ter uma reunião em que todos os profissionais ficam se olhando sem nada relevante a dizer pode prejudicar a imagem da liderança. Quando isso acontece, as reuniões se tornam cansativas, quebram o ritmo de trabalho e chateiam os colaboradores, que ficam frustrados. Encontros que realmente valem a pena são aqueles que mantêm o alinhamento entre as equipes e os colaboradores e nos quais todos se sentem valorizados. Sobretudo, reuniões produtivas jamais se transformam em ceifadoras de tempo. Uma providência prática é pedir que as partes envolvidas enviem o material prévio para leitura, o que chamo de *pre-reading*. Esse simples gesto transforma uma reunião de apresentação de temas em uma reunião para sua discussão e consequente economia de tempo e recursos.

O CEO tem a incumbência de facilitar as relações, melhorar as interfaces e estimular a mobilização de todas as áreas. Por isso realizo um encontro com todos os diretores diretos sempre às segundas-feiras. Nesse dia, eu incentivo o intercâmbio de informações, para maior transparência entre os departamentos e antecipação dos movimentos necessários durante a semana. Não se trata de tirar a responsabilidade de cada membro da equipe, e sim de desenvolver um momento mais propositivo, com escuta ativa. Nos dias seguintes, realizo encontros individuais, *one-on-one*, de uma hora de duração, com cada gestor, para dirimir as dúvidas mais pontuais e me manter atualizada.

Devo dizer que levo bastante a sério essas marcações de dia e de horário e não as flexibilizo além do estritamente necessário. Isso evita que um compromisso invada o seguinte e acabe por criar o famoso e desastroso efeito dominó. Eu também não tenho por hábito chegar atrasada a compromissos ou estender demais minhas conversas. De nada adianta realizar uma reunião prevista para durar sessenta minutos no dobro do tempo, pois ao final do dia a sua conta não fecha.

Se você agenda muitas reuniões em seu trabalho, sugiro que você busque cronometrar cada uma delas para fazer uma análise realista por temas e resultados. Se os atrasos forem frequentes, significa que o assunto não foi bem dimensionado e existe um mal gerenciamento de tempo. Lembre-se de que abrir várias exceções em sua agenda acaba por acostumar mal os colaboradores e a faz perder a oportunidade de dar o bom exemplo. Uma agenda bem--feita é um verdadeiro teste de fogo em seu poder de liderança. Costumo usar a disciplina encorajadora em relação ao meu time. Ela é aquela que transparece no meu dia a dia e serve para engajar a todos no mesmo propósito. Costumo até brincar ao dizer que a boa liderança é aquela que inspira, e não aquela que arrepia.

Conforme reforcei, as reuniões de time, assim como os encontros individuais, são realmente importantes para fortalecer a relação entre os profissionais. Tais encontros, no entanto, não devem servir de pretexto para tirar o foco das demais tarefas do seu dia. Por isso, eu também aproveito esses encontros para observar, analisar e delegar tarefas e funções de maneira estratégica. Lembra-se de quando falamos que a centralização excessiva também é uma atitude de autossabotagem? O segredo está em estabelecer corretamente a diferença entre a arte de delegar e a arte de "delargar". Eu explico: quando você deixa de realizar um acompanhamento próximo ou não transmite o escopo necessário para a realização de determinada tarefa, você não delegou, e sim "delargou". Isso significa abandonar o seu marinheiro no meio do oceano em um barco sem remo, esperando que ele chegue até a praia. Em lugar de ser vista como uma boa gestora, corre o risco de ser apontada como "braço curto", ou seja, aquele tipo de perfil profissional que faz os outros assumirem as responsabilidades em seu lugar. E não adianta argumentar que uma tarefa importante deixou de ser cumprida porque você confiou na pessoa errada. Afinal, essa escolha foi sua.

Mais uma rotina bastante útil para me manter protegida do autoboicote é receber feedbacks. Descobri que uma boa maneira de obter conexão é por meio da minha "Mensagem da CEO". Eu transformei essa comunicação com colaboradores e franqueados em um ritual semanal que se tornou muito prazeroso. Nessas oportunidades, procuro trazer e compartilhar conhecimentos sobre diferentes temas por meio de e-mails do nosso canal de cultura e de postagens em meu Instagram. Uso esses espaços para gerar presença, conexão e proximidade com cada um. E deixo o canal aberto para receber mensagens de todos aqueles que desejarem contribuir com o tema de reflexão da semana.

Observe que todas essas atitudes e comportamentos estão interligados e muito bem orquestrados dentro de minha agenda. Ainda assim, devo confessar que trabalho doze horas por dia para dar conta de minhas atribuições. A diferença entre ser uma maldição e uma benção está nos resultados e na eficiência do processo e, claro, no quanto você é apaixonada pelo que faz. Mesmo nos dias mais intensos eu me sinto recompensada, pois não me autossabotei, e ainda dei mais um passo em direção às metas que eu mesma estabeleci. Espero que você vista o seu colete à prova de boicotes de uma vez por todas para caminhar rumo ao seu destino de sucesso. Quando chegar lá, escreva para mim contando a sensação de se sentir invencível!

13

AS TRÊS PALAVRAS MÁGICAS DA LIDERANÇA

Meu pai, Celso Moraes, sempre foi um empresário admirável. Quando comecei a trabalhar ao seu lado, logo observei três características que faziam a diferença nos resultados da companhia: ele era ágil, adaptável e visionário. Esses três atributos são muito poderosos e podem transformar você, de fato, em uma líder incansável. A adaptabilidade é fundamental para o aprendizado contínuo e o ajuste de suas respostas frente aos desafios, sempre que necessário. Ser visionária, por sua vez, confere a certeza de que o futuro não é um lugar a ser conquistado: ele deve ser criado a partir de uma análise realista, para que seja bom para todos. Trabalhar em conjunto, ter foco e validar o caminho com transparência e respeito são sinônimos de agilidade, pois aceleram os resultados.

Mesmo quando eu estava no início de minha trajetória profissional, entendi que a forma como os bons líderes são moldados depende dessa capacidade de reunir esses três comportamentos. À época de minha chegada na Kopenhagen como filha do dono, jovem e mulher, eu precisei me adaptar rapidamente no sentido de eliminar esses rótulos, ser ágil para imprimir a minha marca de gestão e visionária a fim de demonstrar o meu valor para a companhia. Em outras palavras, eu estava em um cenário no qual precisava demonstrar a minha consistência empreendedora. Comecei de baixo e fui ascendendo na empresa à mesma medida que os meus esforços se transformavam em resultados. A minha escolha foi antecipar necessidades e tendências futuras, mostrar disposição para enfrentar desafios e buscar a colaboração e os aprendizados necessários, com vistas a aprender mais depressa.

Devo confessar que não foi fácil o início da jornada. Descobri, no entanto, que os momentos em que precisei sair de minha zona de conforto foram aqueles nos quais eu realmente desempenhei o meu melhor. Um desses momentos ocorreu à época do lançamento de Kopenhagen da Turminha, uma linha infantil criada para conquistar uma nova geração. Por se tratar de um processo disruptivo, que somava mais de dez diferentes produtos ao portfólio, foi necessário produzir um trabalho de *branding* específico para essa categoria, assim como preparar uma estratégia completamente diferenciada, com o envolvimento de um grande time multidisciplinar.

Hoje, com mais de duas décadas de carreira, posso dizer que os desafios me atraem e me mobilizam. Eles também me obrigam a utilizar minhas melhores ferramentas, como disciplina, priorização e resiliência. Se você acredita ainda não possuir essas capacidades, saiba que sempre é tempo de aprender. Você pode mudar seu comportamento e desenvolver essas habilidades indispensáveis se estiver realmente disposta.

Quando meu pai comprou a marca Kopenhagen, em 1996, visionário como ele sempre foi, já no primeiro ano realizou mudanças profundas no negócio e alçou voos muito altos. Eu tive o privilégio de acompanhar tudo de perto, aprendendo e absorvendo todos os aspectos da companhia, sempre com o foco de suceder meu pai e trabalhar de maneira incansável na perpetuidade da marca. Atuei junto com ele no processo de transformação do modelo de negócios da Kopenhagen e, quando a marca já tinha mais de 250 lojas, em 2008, eu trouxe o projeto de criação da Chocolates Brasil Cacau. Foi assim que nasceu o Grupo CRM, que em pouco tempo se consolidou como um dos maiores grupos franqueadores do país e, ainda, um dos mais inovadores, disruptivos e com apurada visão de futuro.

De lá para cá, aos poucos, meu pai foi se afastando da direção do grupo, enquanto eu, a cada dia, assumia ainda mais as rédeas da companhia. No início de 2020, depois de anos sendo a principal condutora de nossas estratégias, e após um 2019 absolutamente sem precedentes em crescimento e valoração das nossas marcas, inclusive com a chegada de Kop Koffee, recebi do meu pai a notícia de que seria nomeada, oficialmente, CEO do Grupo CRM. O cargo, mais do que ratificar a função que eu já vinha exercendo na prática havia muito tempo, veio para coroar uma nova fase da companhia, com uma governança mais robusta e coesa, visando movimentos mais ousados e estratégicos. Essa grande conquista chegou também com uma enorme responsabilidade, para a qual eu estava pronta, após 22 anos dentro de companhia.

Ousadia e visão de futuro sempre foram marcas da minha gestão. Foi assim que meu pai e eu decidimos firmar uma parceria estratégica com a Advent International, um dos maiores e mais respeitados investidores em capital privado do mundo. A Advent está em absoluta aderência com os planos que tracei para o futuro da companhia. Essa expertise vai permitir à Kopenhagen movimentos ágeis e assertivos, com mudanças concretas que funcionarão como gatilhos de propulsão para um patamar muito mais proeminente no segmento. Observe que eu deixei de ser a única dona de uma companhia para ser a CEO de um grande grupo. E continuo motivada e engajada para fazer esse mecanismo girar ainda mais rápido, criando um campo magnético atrativo e próspero. Tenho a certeza de que fiz a escolha certa e de que essa escolha ecoará daqui para a frente de forma ágil e intensa, sempre tendo como foco a perpetuidade do negócio.

Ao relatar esse movimento tão importante para a Kopenhagen e para as demais marcas do Grupo CRM, espero que você perceba o verdadeiro significado da liderança visionária. Como eu disse no início deste capítulo, uma das características mais importantes da líder é cultivar o hábito de fazer visitas ao futuro, com a finalidade de atestar como as escolhas e estratégias vão se perpetuar para além do hoje. Ao cultivar esse hábito de estar sempre um passo à frente – não do mercado, mas de si mesma –, você conseguirá desenvolver, de maneira proativa, mecanismos de inovação e de criação. Sobretudo, você conseguirá mudar as rotas estratégicas com a finalidade de maximizar os resultados pretendidos. Sempre que necessário, desenvolva a habilidade de estar no futuro, saindo do espaço-problema e entrando no espaço-solução, o que envolve reconhecer os seus medos, porém nunca se curvar diante deles.

Empreender significa manter sempre o sinal de alerta ligado, pois todo negócio, por mais promissor que seja, possui alvos móveis. Muitas vezes eles criam situações que dificultam um entendimento claro. É preciso, portanto, ser perspicaz para captar as nuances sutis que indicam a chance de sucesso ou não de uma iniciativa. Por essa razão, não manter o óbvio ou o fácil no centro da estratégia e criar o hábito de vislumbrar o futuro por meio das escolhas do presente nos assegura a capacidade de nos transformar de maneira ágil. Pensar à frente de seu tempo é fundamental para se manter relevante. Executar tudo em seu devido tempo, no entanto, é o segredo para fundamentar a perpetuidade do negócio com assertividade.

Enxergar um pouco mais à frente, no entanto, não basta. Você precisa compreender que o futuro não é mera repetição do passado, e que é importante vislumbrar não apenas o seu sucesso, mas também o de seus colaboradores. Eu também costumo dizer que líderes visionários apresentam um ponto em comum: gostam de pessoas e desejam conhecer suas necessidades a fim de atendê-las. Lembra-se de quando falamos sobre a importância da escuta ativa, no capítulo 2? A liderança visionária se preocupa em dar a máxima atenção ao que as outras pessoas dizem, pensam, sentem e expressam. Ela também tem a consciência de que precisa inspirar, criar, servir, atuar, motivar, inovar. As pessoas que formam a "tropa" das empresas têm valor incalculável e devem sempre ocupar o primeiro lugar na lista de prioridades de todos os líderes e empresários. Preocupe-se verdadeiramente com todos aqueles que fazem parte do seu ecossistema. Saiba acolher seus medos e vulnerabilidades.

Pessoas que trabalham com líderes visionárias entendem por que fazem o que fazem e como o trabalho delas importa. Na Kopenhagen, considero importante estabelecer um padrão de sucesso claro, que valorize a cultura da companhia de modo que cada membro do time compreenda a importância de sua missão e eleja o melhor meio para atingir o resultado esperado. A liderança visionária não impõe, inspira. Ela motiva e aponta o caminho a ser seguido, entregando as condições para que o trabalho seja feito de maneira inovadora. Para que isso funcione, você precisa desenvolver a criatividade, cultivar relacionamentos, confiar em si mesma, blindar-se emocionalmente e testar repetidamente sua visão. Em suma, você deve se pautar em uma visão sistêmica e levar em conta diversas variáveis, recursos e influências que possam contribuir para o alcance de metas e objetivos.

Uma coisa que aprendi e que é vital para garantir a perpetuidade do negócio é calcular como meus objetivos de hoje vão refletir no futuro da companhia. Às vezes, uma ideia pode parecer sensacional em um primeiro momento, mas até as boas ideias precisam ser estudadas profundamente para que entendamos como elas podem impactar toda a cadeia a curto e a longo prazos. Para calcular o quanto novas propostas e iniciativas podem impactar o futuro de sua empresa ou carreira, eu a aconselho a fazer os seguintes questionamentos: essa meta diverge do plano macro que a companhia segue, ou converge com o que já está em andamento? Essa ideia está totalmente aderente à cultura da companhia? O consumidor muda a todo tempo, isso é um fato! Essa nova ideia, que implica novas metas, acompanhará essas mudanças e permitirá uma transformação ágil? Esse novo objetivo interfere no curso do seu ecossistema a ponto de gerar uma possível disrupção que a distancie de seu foco? Quais serão os prováveis ganhos a longo prazo? Como você pode ser uma agente facilitadora para que esses objetivos se incorporem ao plano macro da companhia a longo prazo? Fazendo esses questionamentos quando aquela grande ideia surgir, você vai garantir um fluxograma interessante para avaliar e analisar as variáveis. Dessa maneira, poderá entender se, a longo prazo, os novos objetivos que compõem tal iniciativa contribuirão ou atrapalharão a perpetuidade de seu negócio ou de sua carreira.

Notemos que ser ágil não é apenas ser eficiente no que você faz, mas trabalhar em conjunto, ter consciência do fluxo das tarefas e estimular outras pessoas a fazer o mesmo. Agilidade também é sinônimo de flexibilidade. Você precisa saber que as mudanças são velozes e é importante manter-se aberta às novidades, adaptando-se a elas sem se prender a posicionamentos rígidos sobre a forma de trabalhar. Uma liderança ágil não tem medo de encarar os desafios, pois eles a estimulam. Todas as vezes em que inicio um novo projeto ou faço uma coisa nova, sinto um friozinho na barriga. Devo confessar que adoro essa sensação. Tudo aquilo que me desafia me estimula a empurrar meus limites para longe. Eu me sinto compelida a encontrar as soluções e a criar diferentes estratégias. Uma boa maneira de você fazer isso é compreender as reais necessidades de seus colaboradores e procurar auxiliar, apoiar, ensinar, inspirar e motivar, para que todos possam desenvolver seus potenciais e talentos. É exercer o tempo todo a sua resiliência. Para desenvolver a agilidade, é necessário olhar mais para o final do jogo. Definir mais a direção, e não o destino, para encorajar a descoberta de pontos inesperados e inovadores.

No início de 2021, passei a acumular um novo desafio, como membro do Conselho de Administração do Grupo Arezzo Co. Trata-se de um ciclo inédito em minha carreira executiva. Eu me vi instigada a renovar meus conhecimentos, assim como a levar tudo o que aprendi anteriormente para outras iniciativas. Muita gente me pergunta como eu faço para dar conta do trabalho como CEO do Grupo CRM e, ainda, atender a tantas outras demandas. Para mim, isso não representa um ônus, e sim um bônus. Não é porque eu estou bem estabelecida em determinada posição que me permito negligenciar novas oportunidades quando considero que elas podem ser valiosas para o meu crescimento. O segredo está em usar, mais uma vez, o senso de priorização e no quanto consigo me organizar, evitando impactos negativos no exercício das minhas atuais atribuições. Quando você pensa em tudo o que tem a ganhar, deixa de encarar novos caminhos como um peso e passa a vê-los como um prêmio. Você soma experiências, expertises, *networking*. Você exercita o verdadeiro significado de ser ágil, adaptável e visionária. Você se torna incansável. Nada muda se você não mudar também. Que você, e não as circunstâncias que a jornada vier a impor, seja a protagonista de sua história.

14

MUITO ALÉM DO TRABALHO

O que uma mulher inteligente deve fazer quando não está trabalhando em prol de seu sucesso profissional? Minha resposta: ela deve cuidar bem de si mesma. Tratar com carinho de seu próprio corpo, de sua mente, de suas relações pessoais e de suas emoções é fundamental se você quiser, de fato, vencer em sua longa jornada. Ao abandonar seu corpo e sua mente, você põe em xeque o balanço necessário para atingir os objetivos e corre sérios riscos de sucumbir no meio do caminho. Equilíbrio, portanto, é a palavra-chave e o segredo para levá-la longe, com força e energia de sobra. Em outras palavras, você precisa incluir seu nome na lista de assuntos inadiáveis e inegociáveis.

Percebi há bastante tempo a importância de cultivar meu equilíbrio. Tenho uma personalidade efervescente. Minhas características pessoais mais proeminentes e a minha forma de lidar com os desafios me renderam, por exemplo, o apelido de "a incansável". E confesso que sou mesmo! Enquanto não consigo o que desejo, sou incapaz de desistir, de jogar a toalha, de parar. Eu persevero, altero as rotas, persigo as metas e, via de regra, chego lá. No entanto, seria impossível manter esse ritmo acelerado sem que eu trabalhasse meu corpo e minha mente cuidadosamente e em sinergia. Por mais contraditório que isso possa parecer, para ser incansável, você precisa extravasar e, acima de tudo, necessita descansar.

Eu descobri, na atividade física, a fonte de energia ideal para recarregar as baterias e manter o equilíbrio. Começo o dia antes das cinco horas da manhã e pulo da cama diretamente para o primeiro treino. Observo que meu corpo se comunica comigo enquanto estou treinando. Ao mesmo tempo, minha mente permanece focada no exercício, divaga e me leva a um processo acelerado de entendimento das situações que me rodeiam ou que me exigem maior atenção. Esse é um momento só meu, com a agenda liberada somente para mim mesma. Gosto de aproveitar essa sensação, pois sinto que minha saúde e meu futuro estão sob meu próprio controle. E sei que estou fazendo a coisa certa porque sinto os resultados. Se você ainda não pratica uma atividade física, eu a aconselho fortemente a começar.

Meu hábito de treinos é muito similar à maneira como lido com os negócios. Para manter o corpo e mente sãos, bem como os negócios nos trilhos, é preciso disciplina e constância, além de elencar as prioridades com inteligência e entender que todo sucesso, na realidade, é um processo. Junto com o meu *personal trainer*, traço objetivos e, com uma equipe multidisciplinar, defino protocolos personalizados que auxiliam meu corpo a reagir aos treinos da maneira correta e, por consequência, atingir o objetivo. Meu desejo é me manter saudável e apta a superar limites.

Nos negócios, eu e minha diretoria executiva traçamos os objetivos para o grupo e, junto aos demais times, traçamos as estratégias e táticas, além de delegarmos os papéis para que as rotas sejam construídas e cumpridas para avançarmos até os destinos planejados. A sensibilidade que desenvolvi para ouvir e sentir meu corpo é a mesma que me faz ouvir e sentir as engrenagens do Grupo CRM funcionando.

Os treinos me garantem energia e foco, e minha entrega, tanto para os treinos quanto para os negócios, frutifica de maneira única e, de certa forma, me deixa no controle. Isso porque eu sei que muitos dos resultados dependem de como me dedico e de como alio forças para a criação de estratégias. Inclusive, foi a partir de minha paixão pelo exercício e pela descoberta de diferentes modalidades que surgiu minha vontade de empreender em um novo negócio.

Eu uni o útil ao agradável e agora ajudo outras mulheres a fazer o mesmo, uma vez que a SoulBox tem um público majoritariamente formado por mulheres.

Para mim, o treino não é uma obrigação, e sim um prazer. Desfruto de cada segundo dessa minha rotina e faço dois ou três treinos, diariamente, às vezes também à noite. Se você já se matriculou em uma academia em mais de uma ocasião e acabou desistindo de cuidar de si mesma em cada uma delas, provavelmente não conseguiu transformar a atividade física em hábito. Hábitos são construídos apenas por meio de muita disciplina. Não adianta somente você escolher se exercitar. Você precisa ir lá e fazer, e muitas vezes esse ato exige 10% foco e 90% força de vontade. Treinar não é uma escolha que eu faça todos os dias. É uma necessidade que eu desenvolvi por meio do hábito, da repetição. Eu realmente não consigo me lembrar de quando foi a última vez que descumpri um treinamento planejado, mas posso afirmar que, quando aconteceu, deixou em mim uma sensação de privação bastante desconfortável. Se você quer desenvolver uma rotina de exercícios que a deixe mais saudável e equilibrada, insista no caminho da disciplina até que essa atividade se transforme em um hábito tão natural e orgânico que será impossível abrir mão dele.

É importante ressaltar, mais uma vez, que sempre contei com acompanhamento profissional. Ter a ajuda de um especialista é fundamental, não apenas para adicionar motivação ao seu treinamento, mas também para garantir a segurança necessária ao seu corpo e à sua saúde.

Os treinos, por exemplo, já estão tão integrados à minha rotina como o ato de me alimentar. Falando nesse tema, motivada por um *lifestyle* mais saudável e equilibrado, comecei a analisar o mercado de consumidores que buscam maior saudabilidade. Não com o olhar de consumidora, e sim como empreendedora. Acompanhei o crescimento desse mercado nos últimos anos e enxerguei nesse movimento uma grande oportunidade, inicialmente para a Kopenhagen, e depois para a Brasil Cacau. Percebi que muita gente tentando viver em equilíbrio alimentar não tinha opções de chocolates verdadeiramente saborosos e saudáveis.

Observei, ainda, que de certa forma não apenas estávamos perdendo uma fatia importante da venda recorrente, como também ficávamos de fora da rotina de quem buscava uma alimentação equilibrada. Por outro lado, os produtos também não atendiam ao público que possui restrições alimentares, um segmento em franco crescimento, graças à maior facilidade de diagnósticos precisos disponibilizados atualmente.

Eu me debrucei sobre o mercado, entendi suas nuances e oportunidades e lancei o desafio para o meu time de P&D para criar uma linha de chocolates totalmente *clean label*, mas que tivesse a inconfundível qualidade da Kopenhagen.

E foi assim que nasceu a Soul Good. Mais do que um lançamento, foi a criação de uma nova categoria, uma plataforma de negócios propulsora e que a cada dia se confirma como um movimento extremamente estratégico na companhia. Atendemos agora também a pessoas celíacas, diabéticas, intolerantes à lactose e milhares de outros clientes que desejam aliar saúde e sabor em seu dia a dia.

A linha foi lançada em agosto de 2019 e em menos de seis meses ela já estava solidificada no mercado, e tinha desempenho similar ao dos nossos grandes clássicos.

Moral da história: quando você mantém a escuta ativa e se percebe como consumidora, além de profissional, enxerga oportunidades realmente promissoras para inovar e reinventar sua carreira e seu negócio.

DESCUBRA O SEU PARAÍSO PESSOAL

Desde pequena, meus pais me ensinaram que viajar ajuda a ampliar nossas lentes. As viagens nos fazem enxergar o mundo de uma forma capaz de nos transformar a cada novo destino. Meus pais sempre me levaram para descobrir lugares diferentes durante as minhas férias escolares e, dessa maneira, tive a oportunidade de conhecer muitos países e culturas distintas. Na companhia deles, entendi que viajar é ampliar nossos horizontes. Ainda assim, meu lugar preferido no mundo fica aqui mesmo, no Brasil: Angra dos Reis, no litoral fluminense. Esse município é composto por 365 ilhas e um pequeno porto rodeado por uma linha costeira íngreme e verdejante. Um paraíso na Terra.

Com uma agenda bastante tumultuada, quase nunca posso me ausentar da empresa por longos períodos. Decidi, então, construir em Angra o meu céu particular. Assim, não me descuido do lazer e dos meus momentos de relaxamento. Além da atividade física, os dias que passo na companhia de minha família perto do mar são o meu segundo segredo para produzir mais e melhor. É para esse paraíso que fujo quase todo final de semana. Ali, sou capaz de criar memórias incríveis junto do meu marido e do meu filho. Navego, sinto a brisa do mar, ouço o barulho das ondas e me reconecto comigo mesma de uma maneira especial.

É importante que você tenha seu próprio lugar de refúgio, de reconexão, nem que seja um parque dentro de sua cidade ou até mesmo um espaço reservado dentro de sua casa. Faça dele o seu santuário. Nesse local, você será capaz de sentir que suas ações fizeram e fazem sentido. Poderá se reencontrar consigo mesma e redirecionar a rota quantas vezes precisar.

Além dos meus fins de semana quase sempre ensolarados em Angra dos Reis, eu também procuro fazer pelo menos uma viagem em família por ano. Em alguns desses roteiros, muitas vezes insiro alguns amigos queridos, principalmente nas viagens que faço para esquiar – outro grande prazer meu. Além disso, procuro viajar a sós com o meu marido sempre que possível. Considero fundamentais essas pausas a dois para manter o relacionamento vivo, ativo e produtivo. Se você é casada, ou se tem um(a) parceiro(a), procure viajar a sós com essa pessoa especial de vez em quando, para que vocês possam recarregar as baterias e dividir boas memórias. Se está solteira, convide um(a) amigo(a) ou familiar.

Todos os seres humanos precisam de conexões e de relacionamentos positivos. A vida é uma troca. Por isso, mantenha suas redes de amizades e de contatos ativas e atualizadas. Pode ser por meio de uma entidade de classe, das redes sociais, ou mesmo ao se relacionar com os amigos de seus amigos. Evite o isolamento. Você não é uma ilha. Viva como os mares, que banham muitas praias e percorrem muitas terras. E esteja sempre preparada para descobrir o novo.

E PARA REFORÇAR...

O trabalho é muito importante para mim. É uma força que me transporta a um estado constante e estimulante de superação. No entanto, nada disso faria sentido sem a minha família, os meus amigos, a minha rotina, as minhas pausas.

O sucesso não é só trabalho. O sucesso, na verdade, é a soma de tudo o que faz bem e que dá certo em sua vida. Uma soma de propósitos que se complementam e se concretizam naquilo que você é e no que você produz. Portanto, persiga seus sonhos, mas não abra mão de seu presente. Não se anule.

Curta seus pais, pois você não sabe por quanto tempo os terá por perto. Curta seus filhos, pois eles crescem e voam. Enquanto eles ainda estiverem dentro do ninho, mais do que depender de você, eles precisarão de sua companhia e da construção de um relacionamento pautado no seu amor incondicional. Ame o seu parceiro ou parceira, construa um relacionamento pautado no amor, no respeito, na doação e na paz. Crie os seus escapes, pratique o que faz bem para o seu corpo e tire um tempo apenas para si mesma, diariamente, mesmo que esse tempo seja breve.

Lembre-se de que a vida não é só trabalho. Ela é feita de muitas interfaces. A vida é um diamante bruto que deve ser lapidado para fazer você brilhar – e nunca se limitar.

15

O PAPEL DAS RELAÇÕES AFETIVAS EM SEU CRESCIMENTO PROFISSIONAL

No capítulo anterior, falamos sobre a importância de manter o equilíbrio entre o corpo e a mente como condição essencial para alcançar suas metas. Eu contei um pouco sobre minha rotina e como contrabalançar trabalho, lazer, *networking* e atividade física. O mesmo princípio se aplica à equação carreira profissional e relacionamento amoroso. É primordial saber equilibrar esses dois fatores, para que um não acabe por prejudicar o outro, muitas vezes de maneira irreversível. Quando você leva seu relacionamento para o trabalho de maneira negativa, dificilmente conseguirá associar as duas coisas. O contrário é igualmente verdadeiro, ou seja: se você carregar questões e problemas profissionais para a área sentimental, poderá prejudicar sua relação com um(a) parceiro(a).

Ser independente e autossuficiente não significa que você precise fazer tudo sozinha! É importante compartilhar a vida com alguém. Acredito, realmente, que um relacionamento bem estruturado e bem-sucedido é uma parte importante para o crescimento de qualquer ser humano.

Ter alguém para somar com a gente no dia a dia é muito bom. Eu tenho esse alguém há 21 anos e, olha, eu não tenho palavras para descrever como o Vichi tem sido fundamental em minha trajetória. Você pode estranhar que eu me refira ao meu marido pelo sobrenome, e não pelo nome, Fernando, mas desde criança ele é tratado dessa maneira. Não sei o que há com esse sobrenome, que acaba sendo mais forte que os nomes. Minha sogra costuma dizer que, quando os filhos ainda estavam em casa, era complicado direcionar os telefonemas, pois as pessoas ligavam pedindo para falar com o "Vichi" e ela respondia: "Bem, com qual dos quatro?" Até meu filho, que se chama Bruno Vichi, é conhecido apenas por Vichi.

Contextualizada a história, não estranhe quando eu me referir ao amor da minha vida como Vichi, e não como Fernando. Meu marido e eu nos conhecemos por meio de um amigo em comum. Na verdade, quando nos vimos pela primeira vez, eu estava namorando outra pessoa. Ao conhecê-lo, minha mãe logo foi falar para mim e minhas amigas: "Acabou de chegar um amigo do Fábio que é um gato, pena que você já namore, minha filha...".

Logo meu relacionamento terminou. Dois anos depois, também por intermédio de amigos em comum, Vichi e eu nos reencontramos. Desde o primeiro instante, nós nos conectamos de maneira tão poderosa e intensa que nunca mais nos separamos.

Decidimos nos casar bastante jovens. Eu estava com 22 anos e, aos 24 anos, tivemos o Bruno em uma situação bastante atípica, como relatarei detalhadamente em um capítulo posterior. Por tudo que meu marido representa em minha vida e por tudo que já passei ao lado dele, talvez este capítulo se diferencie um pouco dos demais e ganhe, de certa forma, até um tom de homenagem. A verdade, no entanto, é que para mim é complicado escrever de maneira racional quando estou diante de um tema que, para mim, é absolutamente passional. Mude um pouco sua ótica na leitura e entenda que as palavras a seguir são fruto de uma mulher absolutamente apaixonada e que enxerga, no casamento sólido que tem, uma enorme, uma imensa razão para celebrar e agradecer! Por isso, eu considero importante dividir essa emoção com você. Se você tem alguém ao seu lado que é parceiro(a) de verdade, que a complementa, incentiva e realiza, então você é uma mulher de sorte, assim como eu. Mas, se esse ainda não é seu caso, não desista. Não se feche para o amor. Compartilhar a vida com paixão é revigorante e muito maravilhoso.

Voltando ao Vichi, quando eu o conheci, o que mais me chamou a atenção foram sua gentileza e sua atenção com as pessoas. Não importa se é com alguém da família ou com um garçom, ele trata a todos dessa maneira. Meu marido se importa verdadeiramente com os demais e vive sem criar expectativa de que suas ações sejam reconhecidas ou retribuídas. Ele é justo, equilibrado e ponderado, e só sabe ser assim. Ele não precisa se esforçar para ser quem é.

Se você, assim como eu, vê em um relacionamento amoroso estável e frutífero uma fonte inesgotável de realização, não busque alguém que se esforça para ser o que não é. Mudar faz parte da evolução de todos, é verdade, mas eu realmente acredito que temos traços em nossa personalidade que forjam nosso caráter, e que isso é imutável.

Busque alguém que seja bom sem se esforçar para isso. A chance de essa pessoa ser a ideal para construir a vida a dois de uma maneira positiva é realmente muito boa. Procure alguém que a complemente, mas que também a estimule a crescer sem se preocupar com sombras ou rivalidades.

Meu marido, desde sempre, deseja que eu esteja onde eu quiser. Sempre que pode, reafirma que esse lugar é lado a lado, driblando desafios, vencendo e celebrando as conquistas que nunca são apenas minhas ou somente dele – elas são nossas, sempre nossas. Lembre-se de que você nunca deve estar atrás de ninguém, servindo como degrau ou como pano de fundo. Um relacionamento funciona de maneira ideal quando os dois envolvidos se comportam como um par e caminham de mãos dadas, no mesmo ritmo, servindo como apoio ao outro, sem perder jamais o protagonismo e o brilho próprios. Bons parceiros não criam sombras, e sim luz.

153

Se você vai iniciar um relacionamento, observe bem os detalhes. Perceba como seu parceiro se comporta com as outras mulheres que estão à volta. Estimule-o a falar sobre suas companheiras de trabalho e veja quais são os tipos de comentários que ele faz a respeito delas. Perceba as nuances e, se possível, seja racional nos primeiros meses para que sua visão não esteja turvada em função dos sentimentos. Busque ter, ao seu lado, alguém que a incentive, que esteja disposto a se sacrificar por e com você na mesma medida que você se dispõe a se doar também. Ao se relacionar com um homem machista, você provavelmente terá um pai machista para seus futuros filhos e esse comportamento contaminará todo o seu ambiente familiar. Isso não é promissor.

Logo de início eu observei que meu marido seria um grande pai e parceiro. Ele sempre se mostrou solícito, generoso, do tipo que interrompe o que estiver fazendo para me ouvir de maneira genuína. Ele é um homem inteligente, justo, ponderado, que abraça a mim e à minha família. No entanto, ele é muito mais que o grande amor da minha vida. Ele é um grande companheiro, do tipo que incentiva, propulsiona, acrescenta contrapontos importantes para a minha vida e, acima de tudo, dá motivos para que minha admiração e a certeza de minha escolha sejam renovadas diariamente.

Eu me casei completamente apaixonada e correspondida na mesma intensidade. Mal sabia que, conforme o tempo passasse, eu me apaixonaria por meu marido ainda mais e sentiria de uma forma cada vez mais intensa o amor dele por mim. À época de nosso encontro, eu já trabalhava na Kopenhagen, e o Vichi, em uma importante consultoria. Fernando acabou construindo uma carreira promissora nas empresas Ambev e Kimberly Clark, até que, em 2004, nossas jornadas empresariais se conectaram e começamos a trabalhar juntos para levar a Kopenhagen rumo ao seu extraordinário plano de crescimento.

QUE CADA MULHER SEJA LIVRE PARA FAZER ACONTECER, CRIANDO SUA PRÓPRIA NARRATIVA E SENDO SEMPRE A PROTAGONISTA DAS INICIATIVAS QUE DECIDIR ENCABEÇAR.

Com respeito e admiração, nossa relação se fortaleceu ainda mais. Digo, com orgulho, que nos tornamos verdadeiros parceiros, do tipo que troca, que se complementa e, principalmente, que compartilha os mesmos valores e convicções. Ao nos complementarmos, desenvolvemos uma força motriz, gerando uma combustão bastante poderosa.

Nossa admiração profissional um pelo outro é intensa e se tornou natural conversar sobre o trabalho dentro do relacionamento, porque para nós dois o trabalho é árduo, sim, mas não é punitivo nem sacrificial. Nós gostamos do que fazemos e amamos compartilhar nossas rotinas que, é importante dizer, muitas vezes é bastante distinta. Ele tem a agenda dele e eu a minha, eu colaboro com ele e ele comigo, e assim seguimos discutindo caminhos, pensando em alternativas, expondo nossas vulnerabilidades e buscando mutuamente um aconselhamento sincero, sem revanchismos ou qualquer tipo de imposição. Nós mantemos um pé de igualdade na conversa e uma preocupação verdadeira com o sucesso um do outro, trazendo para o relacionamento uma prática muito importante: as conversas corajosas.

Isso significa que mesmo os assuntos mais difíceis são trazidos à tona, de forma respeitosa e verdadeira. A confiança irrestrita que temos um no outro e em nosso potencial nos encoraja, nos faz ter ainda mais vontade de superar obstáculos, tanto de forma individual como, também, em nossa parceria.

Posso garantir a você que meu casamento é parte gigante de quem sou hoje. Saber que tenho o apoio de um parceiro sempre disposto a celebrar as minhas conquistas, que, na verdade, sempre são nossas, é maravilhoso. Tenho profunda gratidão pela família que construímos juntos e pelos sonhos que compartilhamos e já realizamos, e os muitos que ainda temos a realizar. Fico emocionada ao constatar a linda relação de pai e filho criada entre Fernando e Bruno, e a forma como nosso filho se tornou capaz de acessar suas emoções mais profundas por meio do exemplo dado pelo pai. Acima de tudo, admiro o caráter justo e impecável que ele tem, algo verdadeiramente inspirador.

Portanto, desejo que você seja sábia ao escolher quem estará ao seu lado em uma parceria amorosa, pois certamente isso contará pontos em favor do seu sucesso profissional. Não devo a meu relacionamento o que eu sou hoje, mas eu não seria a mesma pessoa se não fosse por essas duas décadas ao lado do amor da minha vida.

Desvie-se dos clichês ultrapassados, tais como aquele que diz existir uma grande mulher por trás de um grande homem, ou jargões equivalentes. Tudo isso é uma mentira, assim como acreditar que você conseguirá mudar a personalidade ou o caráter de outra pessoa por conta de seu amor. Se o relacionamento não começar bem, nada poderá fazer com que ele funcione. Seja prática ao avaliar o caráter de quem caminhará a seu lado. Tenha em mente que sua vida deve sempre progredir, nunca regredir. Valorize seu afeto e seus sentimentos e estará, ao mesmo tempo, aumentando as chances de um final feliz também em sua vida profissional.

16

A LIDERANÇA E A MATERNIDADE SEM CULPA

É praticamente impossível falar sobre liderança, empreendedorismo e sucesso profissional feminino sem abordar o assunto "maternidade". Não raramente, mulheres que desejam ser mães preferem adiar esse sonho para investir na carreira. Algumas optam pelo congelamento de óvulos, a fim de ganhar mais tempo para uma gestação. Eu respeito esse posicionamento, mas decidi optar por um caminho diferente. Sempre acreditei ser possível conciliar esses dois universos, o da maternidade consciente e o da profissional ambiciosa. Aos 24 anos, eu já me sentia suficientemente apta para ser mãe. Por não ter vivido uma adolescência clássica, aquela fase de muitas baladas e descompromissos, amadureci precocemente. Levantava às 5 horas da manhã para dar tempo de cursar duas faculdades e, ao mesmo tempo, trabalhar incansavelmente. Por mais que eu tenha sacrificado uma parte de minha juventude, abrindo mão de aventuras e festas, foram esses calos do crescimento, como costumo dizer, que me prepararam para os desafios da vida adulta. Assim, meu marido e eu decidimos, de comum acordo, que depois de dois anos de casados seria a melhor hora para aumentar a família.

Antes de engravidar do Bruno, sofri um aborto espontâneo logo nas primeiras semanas de gestação. Eu passava o réveillon com parentes e amigos no Rio de Janeiro e o fato deixou a todos bastante entristecidos. Eu me sentia ainda bastante sensível quando uma de minhas primas sugeriu que eu visitasse a Sociedade São Jorge do Gantois, mais conhecida como Terreiro do Gantois, na cidade de

Salvador, na Bahia. Ela se lembrou de que minha mãe havia visitado o local antes de me conceber, porque já havia passado por muitos tratamentos de fertilização ao longo de dez anos de tentativas, sem sucesso. Naquele momento de dor e incerteza, considerei que seguir seus passos poderia mesmo me fazer bem.

Fiquei realmente impressionada com a energia boa do lugar. Eu não sei se você sabe, mas o que diferencia o Gantois de outros terreiros tradicionais da Bahia é que a sucessão de comando se dá pela linhagem, e não por meio de escolha pelo jogo de búzios. Além disso, os regentes são sempre do sexo feminino e, assim, elas são consideradas sacerdotisas. Ao chegar à casa, localizada no bairro da Federação, na região central de Salvador, eu ainda estava insegura, mas fui muito bem recebida pela Mãe Carmem. Ela era a sucessora da Mãe Menininha do Gantois, a quem minha própria mãe, Claudia, havia visitado 25 anos antes. Lembro-me perfeitamente de começar a conversar com Mãe Carmem e o meu corpo começar a se dobrar e a se encolher, até o ponto em que assumi a posição fetal. Fiquei inteiramente molhada de suor, como se tivesse saído do chuveiro. Fui dominada pela emoção e chorei muito. Não sei exatamente o que aconteceu, mas saí de lá me sentindo mais leve. Exatos 25 dias depois, meu marido e eu descobrimos que outro bebê já estava a caminho. Curiosamente, o médico dizia que uma nova gestação só seria viável cerca de seis meses depois do aborto, mas o destino quis diferente e sou grata por isso.

Naquela época, eu já ocupava uma posição estratégica dentro da Kopenhagen e trabalhava intensamente. Tudo corria extremamente bem em minha gravidez, até que, ao chegar à 16ª semana de gestação, levei um enorme e inesperado golpe: eu começara a apresentar dores e contrações, como se estivesse prestes a dar à luz. O diagnóstico médico foi uma infecção urinária denominada ureaplasma, que provoca o descolamento de membranas e contrações frequentes. É diferente do descolamento de placenta, mas igualmente prejudicial. A fim de não ter um parto demasiadamente prematuro, perder o bebê ou correr o risco de alguma má-formação, eu precisaria permanecer em repouso absoluto por muitas semanas, até que o Bruno estivesse pronto para nascer.

A partir dessa realidade, a gestação transcorreu com muitos incômodos, dores e aflição. Nessa época, eu já comandava um departamento estratégico da Kopenhagen e havia muitas campanhas e projetos em andamento e que dependiam do meu trabalho. Eu adorava minha rotina, ao mesmo tempo que sabia que não conseguiria desistir do meu filho. Assim, decidi que deveria cuidar dos meus dois amores ao mesmo tempo. A solução foi me mudar, literalmente, para um quarto do Hospital e Maternidade São Luís, no bairro do Itaim, em São Paulo. Ali, eu poderia receber atendimento médico em período integral. Para não abandonar minhas funções executivas, uma sala ao lado das minhas acomodações no hospital foi transformada em um escritório provisório, com o aval da direção. Esse lugar passou a ser o meu "home office", uma espécie de extensão da empresa, que durou por todo o meu período de internação. Era dali que eu realizava reuniões, recebia franqueados, comandava projetos e, claro, cuidava da minha saúde e da segurança do Bruno dentro do meu ventre. Meu útero era o melhor lugar para ele estar e isso me dava forças para enfrentar a tudo e a todos.

Por conta da situação extremamente delicada, precisei ser ainda mais disciplinada. Existia uma grande pressão para que eu interrompesse a gestação, por conta das dores, dos riscos envolvidos e do sofrimento físico e psicológico pelo qual eu e minha família passávamos. De um lado, os médicos diziam que eu poderia não levar à termo a gravidez e aconselhavam uma interrupção. De outro lado, a minha mãe implorava para que eu desistisse, parasse com toda aquela aflição e fizesse uma cesariana precoce, pois ela não suportava assistir ao meu sofrimento. Eu decidi passar por cima das recomendações médicas e da preocupação da família e me mantive firme na decisão de dar à luz o meu filho Bruno, custasse o que custasse. Nos momentos mais difíceis, eu colocava a guia de contas que trouxe comigo lá do Gantois sobre a barriga e orava para que tudo desse certo. A conexão entre a espiritualidade e minha própria força de vontade e disciplina foi fundamental para que tudo desse certo. Bruno nasceu saudável, no dia 5 de outubro, e precisou permanecer por quase dois meses na UTI neonatal, como acontece com os bebês nascidos prematuramente, para aguardar a maturidade completa dos pulmões. Para isso, ele permaneceu entubado. Eu continuei internada junto com ele durante esse período, antes de voltarmos juntos para casa.

O fato de manter ativo o meu quartel-general dentro da maternidade foi fundamental para não me deixar abater. Dali, eu mantinha contato com meu time e com o trabalho, como faria se estivesse na própria empresa. Talvez, neste ponto da história, você pense: "Se fosse comigo, eu não conseguiria pensar em trabalho". Eu garanto que, ao contrário do que se pode imaginar, permanecer com a mente ocupada e produtiva é fundamental para enfrentar os desafios. No meu caso, manter as atividades me deixou otimista e confiante no processo. Assim como a maternidade nos dá força para superar barreiras, o desejo de produzir e vencer nos transforma em melhores mães. Somos nós mesmas que estabelecemos alguns limites a partir do momento que nos deixamos levar por padrões e crenças autossabotadoras. Mas, como já falamos neste livro, os limites não são limitantes. Eles existem para serem superados.

Além de adiar a maternidade, há também muitas mulheres que se dizem culpadas por deixar os filhos aos cuidados de terceiros para trabalhar. Culpa, no entanto, é uma palavra que não existe em meu vocabulário e também não deveria existir no seu. Não há

O CONHECIMENTO QUE VOCÊ DETÉM É A PRINCIPAL ARMA PARA IR A UMA NEGOCIAÇÃO COM A CABEÇA ERGUIDA.

nada errado em fazer o que nos torna felizes. Pare e pense: trabalho e realização profissional são importantes para você? Para mim, ter uma carreira é extremamente satisfatório. Se crescer profissionalmente é essencial para você, seguir em frente é o caminho certo, independentemente de seus filhos. Errado seria desistir de seu crescimento e de sua ambição para, mais tarde, se tornar uma mãe ressentida, ou ainda culpar as crianças pela sua desistência. Eu procuro deixar claro para meu filho tudo o que é importante para mim, além dele mesmo: meu trabalho, meu esporte, meu relacionamento com o pai dele e com meus amigos. Costumo dizer que, em minha vida, existem escolhas, jamais renúncias. Bruno sabe que o trabalho é fundamental para a minha felicidade. Em contrapartida, eu também o incentivo a buscar um caminho que o faça feliz. Um caminho que seja uma escolha pessoal e nunca uma imposição ou interferência de minha parte ou da parte do pai dele.

Nós só conseguimos nos inspirar e seguir conselhos de quem admiramos, e eu acredito realmente que o processo de uma maternidade próxima e madura precisa ser pautado pela admiração do filho pela mãe. Essa admiração deve ir muito além da questão sacrificial padrão. É com muito orgulho que conto ao meu filho sobre o meu dia, divido com ele minhas angustias e também conto em detalhes os meus planos. Celebro junto dele as minhas vitórias. Bruno faz parte de tudo e me vê como um modelo a ser seguido e isso faz com que eu me sinta o melhor tipo de mãe. Ele confia em mim porque sabe que, em nossa relação genuína, a sinceridade é sempre o principal combustível. E eu confio nele porque essa troca diária nutre nossa ligação, e eu sei que, para solucionar um problema ou para tomar uma decisão importante, ele vai me procurar, pois entre nós há confiança e também admiração.

Não quero dizer com isso que você deva pensar como eu. Quero que você perceba, no entanto, o quão consciente e certa estou a respeito de minhas próprias escolhas. Essa certeza me garante uma blindagem fundamental contra as culpas e os julgamentos. Se as suas escolhas funcionam para você e para sua família, ter culpa para quê? Assim como você quer, acima de qualquer coisa, ver os seus filhos felizes, eu tenho a mais absoluta certeza de que os seus filhos a desejam feliz na mesma intensidade.

No meu dia a dia como mãe, não tenho problemas em pedir desculpas a meu filho quando considero que falhei por qualquer razão. Lembro-me de que minha mãe tinha muita dificuldade em se desculpar. Ela era uma ariana teimosa, que costumava dizer: "Teimoso é quem teima comigo". Era o jeito que ela encontrou de se manter no comando, como era desejável em sua geração. Atualmente, os tempos são outros e podemos dizer aos filhos que sentimos muito, sem medo de perder autoridade. Não é necessário criar um escudo nem medir forças. Para mim, a honestidade é libertadora e pode funcionar para você também, caso acredite que não está dando conta do recado como gostaria. Em outras palavras, prefira não alimentar o sentimento de culpa pelo fato de possuir metas ambiciosas. Sente-se com seu filho e abra espaço para ter com ele um diálogo honesto e carinhoso a respeito dos seus anseios e ambições e de como ele se sente a esse respeito.

Se você me perguntar o que tenho de mais valioso na relação com meu filho, responderei sem nenhuma dúvida que é o afeto. Nós somos muito ternos um com o outro. Isso inclui abraços, beijos, conversas, passeios em família. Cada mãe desenvolve uma maneira pessoal de se conectar com o próprio filho e de nutrir essa relação. Bruno tem a certeza de que estamos unidos e disponíveis um para o outro, apesar do trabalho exigir muito de meu tempo. Meu marido costuma dizer que conseguimos criar um ser humano que sabe o que significa dar e receber amor e que conhece o valor da família e do caráter. Como mãe, sei que não vou acertar sempre, que posso até errar feio, mas nada será capaz de destruir essa incrível conexão que temos.

Se você ainda possui dúvidas sobre o seu papel de mãe que trabalha, saiba que o tempo costuma ajudar bastante a pôr tudo em seus devidos lugares. Conforme as crianças vão crescendo, elas percebem a importância do trabalho de seus pais e o prazer que advém dessa atividade. Elas também se tornam mais autônomas. Bruno já me deu muitas provas de que se tornou um adolescente independente. Ele sabe se virar e não é de ficar pedindo ajuda sem necessidade. Ele se tornou apto a encontrar o próprio caminho, tocar a vida no colégio e dentro de casa, e é um excelente aluno. Acredito que as crianças aprendem a partir do exemplo dos pais. Quanto mais medo, insegurança ou receio você demonstrar aos filhos, mais inseguros eles se tornarão. Bruno, por exemplo, passou por uma crise aos 7 anos de idade. Antes sociável e brincalhão, ele passou a sentir medo de ficar sozinho em qualquer lugar. Tudo começou depois das férias que passamos em uma estação de esqui. A instrutora o abandonou sozinho após a aula e, por conta de uma nevasca, demorou quatro horas até que eu conseguisse chegar ao local para resgatá-lo. A partir de então, Bruno não queria mais dormir na casa de amigos, ir a acampamentos e até se recusava a ir à escola, de que tanto gostava. Tentei várias alternativas para fazê-lo se sentir seguro, mas nada funcionava. Depois de uma terapia de regressão, a terapeuta me orientou a dividir com ele o sentimento de medo. Ela me explicou que Bruno estava entrando em sua segunda infância e que precisávamos renascer juntos. E acrescentou: "Renata, em vez de tentar ajudar o Bruno oferecendo recursos externos, você deve dizer a ele que também sente medo". A partir dessa mudança de postura, em menos de uma semana o Bruno estava outra criança! Um belo dia, antes de passar a noite na casa de um coleguinha, ele mesmo me ensinou o que eu deveria fazer: "Mãe, para de sentir medo do meu medo. Você está apavorada e morrendo de medo do que eu sinto. Conta para a mãe do meu amigo que eu tenho medo e pronto!". Ele tinha apenas 7 anos e me deu uma verdadeira aula a respeito de maternidade. Portanto, permita expor ao seu filho o que sua jornada protagonista representa em sua vida. As crianças entendem, se inspiram em nossos sonhos e nos ajudam, igualmente, a crescer com elas.

E se você decidir não ter filhos? Tudo bem! Infelizmente, esse tipo de cobrança também existe. A mulher que decide não engravidar é constantemente acusada de ser egoísta ou destinada a ser solitária pelo resto da vida, o que não é verdadeiro. Esse é mais um tipo de rótulo a ser combatido. O preconceito é tão enraizado que, segundo um estudo publicado em 2017 pela revista científica *Sex Roles*, especializada no estudo de gênero, muitas mulheres que não optaram pela maternidade afirmaram se sentir culpadas e moralmente erradas. Lembre-se de que nenhuma de nós é obrigada a obedecer a uma regra, especialmente no que diz respeito a esse assunto tão pessoal e que implica tantas mudanças de vida. Portanto, não se deixe vencer pelo julgamento social. Você tem a liberdade de decidir o que é melhor para si mesma.

17

A LÍDER E O ENFRENTAMENTO DAS CRISES

Digamos que você seja a dona de uma loja de chocolates e, alguns dias antes da Páscoa, se veja obrigada a fechar as portas por período indeterminado, justamente na época de maior faturamento do ano. O que você faria? Em razão da pandemia de Covid-19, foi exatamente isso o que aconteceu com os mais de 850 endereços físicos da Kopenhagen, Brasil Cacau e Lindt espalhados pelo Brasil. E por dois anos seguidos! Costumo dizer que a Covid-19 representou muito mais do que uma mudança de jogo; o tabuleiro mudou. Esse é o tipo de ocorrência que pode parecer desesperador para qualquer líder ou empreendedor, não é mesmo? No entanto, eventos adversos acontecem e eles não devem servir como desculpa para a inércia. Independentemente de sua área de atuação, sempre haverá momentos em que as circunstâncias serão complexas e você precisará agir com rapidez para assegurar os resultados.

Acredito que a maneira mais eficiente de enfrentar crises é por meio de um bom plano de contingência. Analisar cenários, determinar prioridades e desenvolver estratégias de controle é o que possibilita reagir com celeridade diante dos impactos e das situações de emergência. Um bom planejamento de riscos é o recurso de que o líder ou o empreendedor protagonista dispõe para estabelecer as medidas necessárias com vistas a garantir o cuidado com o maior ativo da companhia, que são as pessoas, além de atenuar os prejuízos e, principalmente, assegurar a continuidade do negócio. Como CEO do Grupo CRM, por exemplo, eu precisei entregar ao meu time e aos nossos franqueados uma resposta rápida e eficiente diante das consequências das restrições determinadas pelas autoridades. Para realizar esse enfrentamento, foi necessário acelerar nossa agenda digital, superar desafios, estabelecer novos processos e, naturalmente, somar muitas noites em claro e dedicação integral. Com instinto "mão na massa", no entanto, o extraordinário aconteceu: o faturamento do Grupo na Páscoa 2020 foi recorde e tivemos mais de 95% de *sell-throught* (indicador de vendas sobre o estoque disponível) nessa data inesquecível e totalmente atípica que, certamente, se tornou o maior pivô rígido de nossa história.

Coincidentemente, recebi a notícia sobre o fechamento iminente do varejo logo ao desembarcar de uma viagem de visita aos meus franqueados. Esse encontro regional já é tradicional no período pré-Páscoa e serve de preparação para uma data tão relevante em nosso calendário. Momentos desafiadores exigem mais disposição do que preocupação. O que isso significa? Que você jamais deve se deixar paralisar. Haja o que houver, aja! Lembra-se dessa frase? Imediatamente, instaurei um comitê de crise e convoquei, para integrá-lo, um time multidisciplinar. Graças à visão colaborativa de várias áreas, escuta ativa e muito *ownership* (análise com propriedade), foi possível desenvolver um plano de contingência emergencial e eficiente. Fiz o primeiro pronunciamento aos nossos *stakeholders* em menos de 72 horas, já com um pacote anticrise formatado. Naquele momento, senti que seria necessário suportá-los com o seguinte mantra: "A crise passa, as relações continuam".

Vou deixar aqui, para você, a versão reduzida desse primeiro comunicado, que evidencia tão bem a cultura da companhia, para que ele sirva a você como inspiração:

Estamos diante de uma crise sanitária sem precedentes, que interfere na saúde das pessoas. Precisaremos trabalhar com baixa previsibilidade e em alguns momentos seremos obriga-

dos a tomar decisões sem ter em mãos todas as informações de uma maneira precisa. Peço que vocês levem em consideração, em primeiro lugar, que a crise vai passar, com maiores ou menores repercussões, mas as relações vão continuar. Então, no momento em que você precisar tomar uma decisão, pondere se está cuidando bem das relações. Isso envolve a sua relação com o seu cliente, com o seu colaborador, com o seu franqueador, com seu locatário. Todos, juntos, vamos nos imbuir de um espírito colaborador e facilitador, para que sejamos realmente mais fortes. Reforço que, com pequenas ou grandes repercussões, esta crise vai passar e tudo o que nos trouxe até aqui deve permanecer.

Embora a preocupação com os franqueados tenha sido uma prioridade para mim, ela não foi a única. De uma hora para outra, foi necessário desmobilizar toda a área administrativa e pôr os nossos colaboradores em situação de home office. Em uma companhia tão grande como o Grupo CRM, com centenas de funcionários, a complexidade dessa logística foi gigante. Para garantir o pleno funcionamento da fábrica, também foi necessário providenciar e adaptar novos EPIs. Além disso, todos os franqueados passaram a receber indicações normativas e orientações frequentes, para que se mantivessem atualizados sobre aspectos legislativos, inclusive em relação ao Pronampe (Programa Nacional de Apoio às Microempresas e Empresas de Pequeno Porte).

Evidentemente, eu sabia que a Kopenhagen não poderia se eximir de sua responsabilidade social. Assim, outra prioridade foi desencadear ações junto à sociedade civil. Eu não sei se você se recorda, mas, em razão da pandemia de Covid-19, os estoques dos bancos de sangue ficaram cada vez mais baixos, atingindo níveis alarmantes. Assim, as pessoas dispostas a sair do isolamento para doar sangue mereceram toda a nossa gratidão. A campanha *#AdoceAVidaDeAlguém* destinou dois mil ovos de chocolate a pessoas que fizessem doação de sangue no Banco Paulista de Sangue, hemocentro localizado na cidade de São Paulo. A Kopenhagen também presenteou médicos e enfermeiros do Incor e do Einstein M'Boi Mirim com mais de sete mil ovos para agradecer pela dedicação, pelo amor e trabalho. Além dessas ações, transformamos nossas visitas a campo em grandes *lives* com nossos times da linha de frente e também com nossos franqueados. Batizamos esses encontros de "Missão Linha de Frente", e eles agora são um ritual da nossa cultura como companhia.

Por mais surpreendente que pudesse parecer, esse mesmo cenário de crise se repetiria em 2021. Tenha certeza: meu time e eu mesma nos tornamos PHDs em fazer Páscoas em período de quarentena! Para o bem de todos, o aprendizado acumulado resultou em um crescimento surpreendente de 80% em relação a 2020. Realizamos uma campanha extraordinária, sem realizar promoções.

Na Páscoa de 2021, foi o meu instinto empreendedor, aliado ao legado de aprendizados que nosso time absorveu, que ajudaram a conduzir as iniciativas estratégicas que resultaram em êxito. Quando a primeira quarentena foi decretada, eu também pedi aos colaboradores e franqueados que não perdessem de vista esse instinto empreendedor. Aprimorar conhecimentos é fundamental para manter afiadas as habilidades de gestão, mas a perspicácia, a emoção e a coragem natas do empreendedor ajudam a enxergar o cenário geral e a apurar a visão de futuro.

Estreitar ainda mais o diálogo foi outro elemento essencial para o sucesso das estratégias adotadas durante todo o período. Líderes competentes sabem fazer da comunicação assertiva um antídoto para o veneno da crise. Assim, procurei ser ainda mais intensa em minhas interações, sem deixar espaço para nenhum ruído, interferência ou mal-entendido. A aproximação entre todos os envolvidos no negócio aconteceu porque havia um objetivo comum, mas, acima de tudo, porque as conversas constantes blindaram todos os envolvidos contra o negativismo e a desconfiança. Durante os meses de quarentena, todos tomaram conhecimento, e com detalhes, dos desafios e dos planos traçados para vencer a batalha que nos espreitava. A comunicação, devidamente cultivada no dia a dia da companhia, favoreceu uma mudança de atitude, esclarecendo todos os pontos de insegurança que toda crise provoca. Esse diálogo contínuo fortaleceu não apenas a marca, mas também a individualidade de cada franqueado. Assim, durante a segunda Páscoa com restrições por causa da pandemia de Covid-19, nosso time já vivenciava um *looping* positivo que propiciou transformações e evoluções concretas.

Importante salientar que o desempenho dos colaboradores é o reflexo de sua liderança. Não é possível fazer um bom concerto se a orquestra não estiver empenhada em tocar junto com o maestro, concorda? Para isso, é necessário capacitar, engajar e dar o suporte necessário para que todos desempenhem bem os seus papéis. Empreendedores também devem confrontar suas equipes com a realidade nua e crua, mas construindo o otimismo de um final feliz. Lá na ponta, cada colaborador precisa de motivação diária, e é tarefa do gestor manter acesa a chama de cada um. Você estará no caminho certo ao apagar o incêndio ao redor, sem extinguir o fogo interno das pessoas.

Espero que, a partir deste relato, você se inspire quando chegar sua vez de encarar adversidades. Ultrapassados os tsunamis, o Grupo CRM foi capaz de abrir uma avenida de crescimento sem precedentes, mesmo em um contexto complexo e de grandes incertezas para todos os mercados. Quando as crises surgirem em sua jornada de liderança, lembre-se de estabelecer um plano de contingência que leve em conta estas duas questões: "Se não nós, quem?"; "Se não agora, quando?".

NADA PODE PARAR UMA MULHER QUE SABE O QUE QUER E QUE NÃO TEM MEDO DE SE PINTAR PARA A GUERRA.

UM POUCO MAIS SOBRE A KOPENHAGEN E A PANDEMIA

A fim de viver o propósito e alcançar a meta, faz-se necessário dar suporte ao processo. E que processo árduo e tumultuado, cheio de entrelinhas e de surpresas nós passamos... A pandemia promoveu um verdadeiro deserto, cheio de dunas desafiadoras e tempestades de areia. No entanto, o plano de contingência bem executado permitiu a todos os envolvidos serem resilientes e, principalmente, constantes em suas ações. Para ilustrar um pouco mais a respeito do plano de contingência do Grupo CRM nos períodos de quarentena, vou detalhar aqui mais algumas das ações práticas executadas sob minha supervisão.

Uma das providências mais importantes foi dominar, de maneira acelerada, as ferramentas digitais. Toda a equipe incorporou ainda mais o espírito da nossa *tag* #CRMSemLimites e compreendeu o significado intrínseco desse mote, de modo a derrubar os muros invisíveis que nos prendiam dentro do aspecto físico das operações. Romper com o limite físico das lojas não significava somente estar no e-commerce ou nos aplicativos de delivery, e sim saber operar essas funcionalidades com esmero, precisão e criatividade, integrando-as a uma jornada *omnichannel* (de que falaremos logo adiante), com atendimento humanizado e aguerrido em nosso propósito.

Devo dizer a você que foi lindo assistir a esse movimento em prol da transformação digital da companhia, e ver o quanto estávamos (e ainda estamos) dispostos a nos transformar e a abraçar a inovação. Como uma empresa que gera outras centenas de negócios, a nossa companhia impacta uma cadeia de milhares de colaboradores e de milhões de consumidores. Compreender esse fato fez surgir em cada membro do time um senso de urgência propulsor para perseguir as metas estabelecidas. Para um líder, enxergar a importância de colaboração com o coletivo permite contagiar, com esse sentimento, todos os demais níveis.

Outra estratégia utilizada para assegurar os resultados foi a criação do programa Personal Shopper. Essa iniciativa coroou a importância do consumidor, ao mesclar conveniência com atendimento humanizado e individualizado, permeado pelo conhecimento ímpar dos vendedores sobre os hábitos de consumo dos clientes Kop Club. Esse programa fez enorme diferença nos resultados, com 5% de taxa de conversão (o número de pessoas que efetuam a compra). Aprendemos que os aplicativos de entrega são a ponte que precisávamos atravessar para chegar a nosso consumidor. Conveniência, rapidez e excelência são as três chaves que abrem as portas para os consumidores dessa nova era. Para isso, no entanto, tivemos de ser criativos na composição de nossos espaços dentro desses *apps* e inteligentes na forma de ofertar produtos e experiências. Como sempre, os detalhes fizeram toda a diferença.

Você já ouviu falar em *omnichannel*? Essa é uma tendência do varejo que se baseia na convergência de todos os canais utilizados por uma empresa. Trata-se da possibilidade de fazer com que o consumidor não veja diferença entre os mundos on-line e off-line. Costumo dizer que *omnichannel* é a onipresença imperativa para a propulsão de novos negócios. Com base nesse entendimento claro e constante, encabecei o grande desafio de, em apenas três semanas, fazer com que o Grupo CRM passasse a operar com mais de duzentas lojas, em vez das vinte do nosso e-commerce, favorecendo as franquias como *last mile* da operação. Unir o universo físico ao digital cria enorme combustão, pois amplia os pontos de contato na jornada do consumidor, ou seja, o conjunto de etapas que envolvem o cliente em um processo de compra, e que tem seu início no momento da identificação da necessidade de sanar um problema, passando por pesquisa, interesse e fechamento da venda.

Essa estratégia foi fundamental para o sucesso extraordinário que tivemos na Páscoa de 2021. A iniciativa demonstrou o comprometimento que a franqueadora tem com o desempenho dos franqueados, uma vez que abrimos mão de nossos próprios ganhos em prol das vendas e das metas das franquias. Os franqueados souberam usar essa prerrogativa como incentivo e o resultado foi o giro excepcional de 98% que tivemos nessa Páscoa histórica.

Outra lição das mais enriquecedoras foi compreender que tanto faz se a conexão com o cliente acontece por meio pessoal ou através de uma tela, desde que ela seja humana, inteligente e individualizada. Rompemos os limites físicos das lojas. Agora, somos nós os responsáveis por gerar demanda. Nosso cliente é muito mais do que um número em uma nota, ou um meio para um fim. Ele é a estrela do nosso espetáculo. Por isso, merece toda a nossa dedicação, carinho e cuidado. E a vendedora do futuro tem criado, no presente, um ambiente multifocal e multicanal para permear cada vez mais ativações personalizadas.

As redes sociais também demonstraram ser o meio de transporte mais veloz para percorrer as avenidas de crescimento. O Instagram, principalmente, é um gatilho que aproxima nossos consumidores de nossos produtos e promove inclusive aquela compra por impulso que acaba por tornar um cliente passivo em um consumidor ativo. É na rede social que nosso cliente encontra a argumentação visual e textual para se apaixonar pelo nosso produto, pelas nossas marcas e pelas experiências que promovemos. Trabalhar as redes sociais com inteligência denota um modelo de negócios racional, bem planejado, e foi o que fizemos, ainda com mais vigor para atingir resultados excelentes. Por essa razão também criamos um grande enxoval de peças e muitos conteúdos de treinamento para que nossos franqueados ampliassem todos os conteúdos criados em suas próprias páginas.

Os exemplos aqui citados deixam claro que é durante uma guerra que descobrimos ou revisitamos as ferramentas que vão permanecer em evidência mesmo depois da vitória. Em momentos como os que descrevi antes, é importante trocar planos mirabolantes por vários experimentos rápidos. Às vezes, a complexidade pode ser inimiga da execução, e a simplicidade, a chave que abre as portas do seu sucesso. E não se esqueça que momentos adversos exigem mais disposição do que preocupação.

Como você pode observar, mesmo diante de um cenário de tamanha adversidade, no qual me vi obrigada a trabalhar sem nenhuma previsibilidade e com planejamento hora a hora, o foco se manteve nas pessoas. Por mais que eu estivesse diante da maior crise sanitária do mundo, no momento de maior aflição, dúvidas e anseios, minha inclinação no momento da escolha foi preservar as relações. Optei por criar estratégias capazes de simular o protagonismo para vencer os desafios. O resultado extraordinário que tivemos se deu pelo poder das nossas marcas (consumidores cada vez mais seletivos e consumindo marcas com propósitos genuínos), aliado ao engajamento irrestrito de nossos franqueados e à agilidade que o digital exigiu e que nós tivemos a capacidade de abarcar. Você precisa ter em mente que o processo de lidar com o novo e com o inesperado não deve paralisá-la, e sim impulsioná-la. Tudo isso orquestrado por uma governança robusta, *ownership* delegado por temas-chave, acompanhamento diário de KPIs e muito treinamento para os times de campo e franqueados. Falaremos mais sobre o poder e a importância das marcas e seu gerenciamento no próximo capítulo.

O SUCESSO, NA VERDADE, É A SOMA DE TUDO O QUE FAZ BEM E QUE DÁ CERTO EM SUA VIDA.

18

A IMPORTÂNCIA DO *BRANDING* PARA O SUCESSO DO SEU NEGÓCIO

Digamos que você acabe de abrir um novo negócio. Escolheu nome, logotipo, símbolos, cores e um slogan marcante. Cuidar para que cada um desses elementos faça sentido em relação ao posicionamento de sua marca é o objetivo do *branding*. Essa gestão deve estar perfeitamente alinhada ao propósito e aos valores estabelecidos, para que a marca não apenas certifique a qualidade de seus produtos e serviços, como também seja reconhecida pelo seu público e se mantenha relevante no mercado. Em outras palavras, o *branding* garante que seu negócio cresça de forma inteligente e duradoura, com estratégias voltadas para o que sua marca verdadeiramente é e de que maneira você deseja que ela seja percebida.

É dever da líder zelar por manter a marca protegida. Quando o *branding* é bem executado, ele resulta em estratégias que despertam sensações positivas e criam conexões fortes junto ao consumidor. É dessa maneira que nascem as *love brands*, ou seja, as marcas que se importam profundamente com seus públicos e têm propósitos muito bem definidos. A Kopenhagen é um exemplo nítido de *love brand*. Sinto muito orgulho por evidenciar a essência da Kopenhagen em cada contato, em cada relação com o cliente.

Uma boa gestão de marca adiciona valor incalculável ao negócio. É o que diferencia empresas de sucesso de muitas outras que ficam pelo caminho. Isso ficou bastante evidente durante a crise provocada pela pandemia de Covid-19. As marcas que não possuíam solidez reconhecida pelo mercado ou uma estratégia de venda de *long tail*, com uma grande variedade de produtos e serviços, não conseguiram se transformar e se adaptar às condições adversas impostas pela crise. Em compensação, aquelas que conseguiram gerar empatia grande, tratando o público com atenção e respeito, com identidade forte e coerente, saíram ainda mais fortalecidas. Tenho certeza de que, agora mesmo, você consegue se lembrar do nome de pelo menos meia dúzia de marcas que a encantam. Com toda a certeza, elas têm um objetivo claro e estão sempre presentes na vida do consumidor, entregando experiências incríveis do início ao fim.

Neste momento, talvez você ainda tenha dúvidas sobre a diferença entre o que é marketing e o que é *branding*. Embora estejam correlacionados, eles são conceitos distintos. Eu costumo dizer que o marketing representa tudo o que você faz para amplificar as estratégias do seu negócio. *Branding*, por sua vez, é tudo aquilo que ecoa, ou seja, é a impressão deixada nas pessoas a respeito do que você fez. Pense no marketing como as ações que são desenvolvidas para chegar ao cliente e levá-lo a comprar seus produtos ou serviços. O *branding*, por outro lado, define "quem é sua empresa" enquanto marca. Por que é importante trabalhar com esses dois conceitos? Digamos, por exemplo, que você desenvolveu uma campanha nas redes sociais para vender determinado produto. Caso suas postagens não estejam perfeitamente alinhadas ao propósito, aos valores e à identidade de sua marca, seu consumidor ficará confuso com a mensagem e você não obterá os resultados esperados. O *branding* bem-feito estabelece a essência de sua marca, determina em que ela acredita e de que maneira seus valores e atributos deverão ser comunicados nas ações de marketing, a fim de não deixar dúvidas sobre as diretrizes do negócio.

O *branding* realizado de maneira competente reverbera de forma muito positiva para todos os *stakeholders* da organização, além de impactarem o consumidor final. Eu gosto de dizer que realizar a gestão de uma *love brand* é como ter em mãos um diamante bruto a ser lapidado todos os dias. Tudo que é feito dentro da Kopenhagen, por exemplo, tem o objetivo de amplificar o impacto do nosso *branding*. Nossa lição de casa é tão bem-feita que é justamente por conta do *branding* do Grupo CRM que a Lindt nos escolheu como parceiro para operar sua marca no Brasil por meio de uma *joint venture*, em uma iniciativa inédita.

Se você conhece a Kopenhagen, como acredito que conheça, sabe que a marca vende muito mais do que chocolates deliciosos. Ela vende experiências que conectam e que transformam o comum em extraordinário. Quando você tem em mãos uma marca que desperta emoção, que conta uma história e que passa de geração para geração por mais de nove décadas, precisa promover experiências completamente diferentes e inusitadas.

Quando sou chamada a explicar o que transforma a Kopenhagen em uma *love brand*, costumo dizer que é a inquietude positiva por trazer o novo, o disruptivo, e ir além do produto, sem desrespeitar a essência de uma marca brasileira com quase cem anos de existência. Você quer um exemplo? Em 2019, levamos mais de cinquenta mil pessoas para as ruas da cidade de São Paulo para assistir a uma parada de Natal. Criamos um novo evento no calendário da maior metrópole do país ao reconectar as pessoas com aquilo que verdadeiramente simboliza o Natal: o valor da família, os momentos gostosos compartilhados, a alegria de viver e o encantamento.

Portanto, uma boa marca certamente é o maior ativo de qualquer companhia, e essa deve ser a meta em um projeto de *branding*. Na Kopenhagen, tenho a felicidade de trabalhar não apenas com uma marca icônica, como também com uma gama de submarcas capazes de alimentar o crescimento da marca-mãe, tais como Língua de Gato, Nhá Benta, Cherry Brandy, Lajotinha, Chumbinho, além da recente Soul Good. Ao longo dos últimos 22 anos, aprendi como é importante pensar em cada submarca como se ela fosse um negócio individual, o que, de certa forma, é totalmente verdadeiro. Pense em Língua de Gato, por exemplo. Basta observar o formato desse chocolate para, automaticamente, associá-lo à Kopenhagen. Ao mesmo tempo, ele remete à infância, à maciez, à cremosidade e ao lúdico. Partindo desse princípio, fortalecemos o nome Língua de Gato como uma submarca. O que isso significa? Que ela pode estar configurada e ser apresentada em uma série de outras versões, desde uma plataforma nova, como a mascote "Lingato", até o panetone, o sorvete, a bebida e o ovo de Páscoa. O ovo de Páscoa Língua de Gato, por sinal, já é um dos produtos mais vendidos pela Kopenhagen, graças à criação de uma enorme variação de sabores e texturas que instigam o consumidor. Quando a Kopenhagen completou noventa anos (2018), fizemos uma série de ações e produtos comemorativos, como a Língua de Gato folheada a ouro. E, justamente, por valer ouro, a linha Língua de Gato é a mais extensa que temos e uma das nossas grandes plataformas de inovação. Um grande sucesso não deve jamais ser colocado em um pedestal de simples adoração.

O segredo para manter um grande sucesso por décadas, como é o caso do Língua de Gato, é entender que ele precisa ser constantemente lapidado com as ferramentas da inovação e da visão de futuro. Dessa forma, você vai conseguir se adiantar às necessidades e preferências do seu consumidor e manter o seu *hero*, que nada mais é do que o seu produto best-seller, sempre no topo.

Perceba, porém, que o trabalho não foi realizado em cima do produto Língua de Gato, e sim sobre a potência de uma submarca dentro de uma marca fortíssima chamada Kopenhagen. Costumo afirmar que Língua de Gato não tem sobrenome. Ninguém diz: "Língua de Gato da Kopenhagen". Língua de Gato é um ativo proprietário da Kopenhagen e trabalhado de maneira isolada com toda a força que ele possui. Quando você tem uma boa submarca em mãos, pode avaliar a legitimidade de fazer um voo solo e expandir seus horizontes, seja criando um *spin off* (nova marca ou empresa derivada de outra já existente), seja invadindo novos territórios. Ainda durante a primeira fase da pandemia de Covid-19, por exemplo, a imagem do gato ícone de Língua de Gato foi usada em parceria com a marca Reserva para a criação de camisetas estampadas. Essa ação deixou ainda mais evidente o potencial dessa submarca para ser transformada em uma marca individual. Vale acrescentar que essa foi uma das edições mais vendidas, o que repercutiu em uma segunda edição em 2021. Também abriu alas para a criação da inédita Fantástica Banca de Chocolates "Reserva & Kopenhagen", no bairro de Ipanema, no Rio de Janeiro, em comemoração ao dia dos pais de 2021. O local foi montado como uma banca de jornais por fora, mas, por dentro, proporcionava uma atmosfera lúdica e divertida. A Banca é a prova física de que fugir do óbvio e mergulhar de cabeça para fora da caixinha é o caminho mais curto para iniciativas de sucesso. Em razão de as duas marcas possuírem sinergia de propósito e de pensamento, poderíamos ter apostado no óbvio seguro, como uma ação de venda cruzada, por exemplo. Contudo, onde estaria a inovação? É isso que eu amo em nossas marcas! Ter chocolate nas veias também significa progredir no incômodo, na vontade de criar, na inquietude e na coragem de aterrissar ideias inteiramente inéditas.

E a apaixonante Nhá Benta? Um produto clássico e icônico como esse só se mantém atual com inovação constante. Inovação não significa necessariamente melhorar o que já existe, e sim oferecer ao consumidor opções e combinações mais contemporâneas, com uma experiência de consumo que inspire novas tradições. A gente pensa nesse processo de construção do vínculo com a marca desde o sensorial do produto, passando pelo sabor e chegando à maneira como vislumbramos que o consumo do produto se desdobrará, seja na embalagem, seja no ritual que as famílias estabelecem ao consumir o chocolate. Existe uma frase que costumo usar como mantra no Grupo CRM e que reflete muito sobre a forma como inovo: "Traga novidades, mas não mexa na minha Nhá Benta". O que isso significa? Que cabe a nós inovar e trazer o que há de mais novo ao mercado, mas ao mesmo tempo legitimar os sucessos consagrados, sabendo que, ao degustar uma Nhá Benta, o consumidor deverá ter aquela experiência que o remete a lembranças e emoções.

Esses são pontos constantemente revisitados para que se preservem as tradições, sem precisar ser tradicional. Costumo dizer que a Kopenhagen é uma senhora *startup*, ou seja, uma mistura de companhia com mais de nove décadas de existência, porém sempre com um viés inovador, porque somos uma marca que tem tradição sem ser tradicional. Ao contrário do que se pode pensar, a Kopenhagen não tem nenhum produto tradicional em seu portfólio, e sim produtos icônicos e absolutamente atemporais. Eles são frutos de uma constante inovação para rejuvenescimento. É dessa forma que são desenvolvidas as conexões emocionais dos consumidores com a marca. Quer um exemplo prático? Clássicos da marca também figuram no cardápio Kop Koffee, para que possam ser apresentados a novos consumidores em outras versões, tais como milk shakes, cup cakes, brownies, cappuccinos especiais e outros. Não por acaso, atualmente 15% do faturamento anual da companhia é oriundo de inovações. Poderíamos viver na sombra e na água fresca do sucesso de nossos clássicos? Claro que sim. Mas, então, seríamos uma marca protagonista, inovadora e precursora? Claro que não!

Recentemente, a Kopenhagen inaugurou uma nova *flagship* em São Paulo, focada inteiramente na experiência do consumidor. É a primeira loja da rede em modelo híbrido com a cafeteria Kop Koffee e retrata fielmente o viés de inovação que comentei no parágrafo anterior. Logo na entrada foi instalada uma réplica da primeira conchadeira (uma espécie de batedeira da massa do chocolate), adquirida há 93 anos pelos fundadores da Kopenhagen. Seguindo o fluxo de experiências da loja, o consumidor pode fazer uso de um totem de autoatendimento. Com uma linguagem fluida, em poucos cliques é possível realizar o pedido e retirá-lo. Nessa mesma esteira de autoatendimento, fica o espaço de Click & Collect, destinado a quem fez a compra via e-commerce e optou pela retirada no local. Já quem prefere atendimento personalizado conta com um time bem treinado de experts em chocolates. A nova loja conta também com um espaço "instagramável", mais uma estratégia que foi usada para que, além de consumir cafés e chocolates, o cliente também possa se sentir tentado a fazer vários cliques e posts sobre Kopenhagen e Kop Koffee nas redes sociais. Por sua vez, a plataforma de saudabilidade Kopenhagen, a SoulGood, foi contemplada com um espaço high-tech, o Lift & Learn. Nele, o consumidor obtém mais informação sobre produtos e conhece o conceito da linha por intermédio de telas interativas. Você percebe como, em uma só loja, conseguimos desenvolver muitos universos inovadores?

Sugiro que você promova um ambiente interno que favoreça a vivência diária do propósito de sua marca com todos os seus colaboradores, *stakeholders*, embaixadores da marca e demais envolvidos. Só assim você conseguirá estabelecer que esse propósito alcance todas as pontas. Para obter esse resultado, o principal pilar estratégico é trabalhar uma cultura organizacional sólida. A cultura é a alma de uma organização. É como as ideias tomam forma. Essa essência precisa ser vivida com constância e consistência. Nenhuma cultura apenas estampada na parede é mobilizadora. A cultura que, de fato, move e engaja as pessoas é aquela legitimada todos os dias, com mais atitude e menos discurso. As decisões que a empresa assume, a forma como os colaboradores são envolvidos na operação, os desafios que a eles são propostos, os rituais estabelecidos, tudo isso faz parte dessa consolidação. Digo, sem receio de errar, que o grande ponto forte do Grupo CRM é ter a sua cultura trabalhada de dentro para fora. Temos o compromisso de ser extraordinários para nossos consumidores e essa promessa é reafirmada dia após dia.

Se você ainda não está familiarizada com gerenciamento de marcas, recomendo que busque aprender mais a respeito. Analise o seu mercado consumidor, mantenha-se atenta e com o radar sempre ligado nas novas tendências. Contudo, não seja inflexível, pois o seu alvo não é fixo. Ele é móvel, e isso exige que você persiga a seta. A melhor maneira de cumprir essa tarefa é por meio da leitura constante do mercado. Pense: "O que posso fazer de forma diferente, o que posso inovar para potencializar meu resultado sem perder a essência da minha marca?". Isso não significa descredibilizar tudo que já construiu, tampouco recomeçar do zero. Você pode desenvolver adaptações do seu negócio, realizar leituras diferentes para oferecer serviços ou produtos mais apropriados em determinados momentos e cenários, sem confundir seu consumidor em relação ao posicionamento da marca que ele já conhece. Para ter a certeza de estar no caminho certo, analise se sua proposta mira apenas o curtíssimo prazo, para aproveitar uma brisa a favor, ou se ela pode ser, de fato, capaz de enfrentar as intempéries e sair fortalecida. Jamais ponha em risco o posicionamento de sua marca. Costumo dizer que sou ousada, mas ao mesmo tempo sou inflexível no que tange ao posicionamento das nossas marcas. A maior inflexão estratégica de minha carreira foi, justamente, alterar tudo ao redor da Kopenhagen para não precisar mudá-la. Antes de tomar uma decisão estratégica, ponha na balança os resultados, levando sempre em conta a perpetuidade de seu negócio.

VOCÊ PRECISA TER EM MENTE QUE O PROCESSO DE LIDAR COM O NOVO E COM O INESPERADO NÃO DEVE PARALISÁ-LA, E SIM IMPULSIONÁ-LA.

19

POR QUE VOCÊ DEVE CRIAR UMA LINHA DO TEMPO

Alguns tipos de registro nos estruturam internamente dentro de uma ordem cronológica e ajudam a trazer à tona alguns elementos que nos conectam a épocas e fatos. Para mim, eles funcionam como lembretes, pois me fazem viajar pela história das marcas sempre com afeto e otimismo. Criar uma *timeline* de sua carreira ou de seu negócio pode ser uma boa ferramenta também. Uma linha do tempo simples, capaz de exibir os principais eventos e as mudanças relevantes que ocorreram, pode auxiliá-la a refletir sobre as etapas vindouras. Acredito que manter esses marcos visuais sempre vivos me incentivam a analisar o passado e a vislumbrar o futuro. Eles reforçam o orgulho que eu sinto de cada etapa relevante da companhia e, ainda, de todos aqueles que vieram antes de mim e ajudaram a construí-la.

Sugiro que você mantenha sua *timeline* atualizada para visualizar os eventos singulares de sua jornada. Você pode pensar em meses, anos ou até mesmo décadas, desde que seus marcos sejam concretos. Ao fazê-lo, provavelmente se surpreenderá ao descobrir o quanto evoluiu ao longo do caminho. Uma linha do tempo de projetos, por exemplo, pode ajudar o seu time a se manter alinhado em relação às metas e ao andamento de tarefas. Aquelas com registros visuais demonstram quais marcos foram atingidos e aqueles que precisam ser perseguidos. Essa ferramenta também pode ser utilizada como uma espécie de cronograma centralizado, contendo as fases e as atualizações de um processo, para manter seus colaboradores no mesmo passo.

Quando eu olho para a linha do tempo com os principais momentos da Kopenhagen, enxergo ali um poderoso antídoto contra quaisquer experiências negativas que possam ocorrer, pois ela oferece uma compreensão inequívoca de quem somos e daquilo que nos motiva. Organizar esse curso de eventos de modo objetivo é fundamental para analisar com distanciamento seu negócio ou sua carreira. Além disso, é muito gratificante evidenciar as conquistas e perceber que estratégias executadas com eficiência sempre acarretam bons resultados. A fim de inspirá-la um pouco mais, vou deixar registrada, aqui, a nossa Linha do Tempo.

LINHA DO TEMPO DA KOPENHAGEN

DÉCADA DE 1920
1928
A Kopenhagen é fundada pelo casal de imigrantes da Letônia Anna e David Kopenhagen. Ana era pianista, e David, estudante de medicina. Eles começaram essa linda história vendendo o doce de marzipã nas ruas do centro da cidade de São Paulo.

1929
É aberta a primeira loja Kopenhagen, no número 41 da rua Miguel Couto, no centro de São Paulo.

DÉCADA DE 1930
Início da produção de ovos de chocolate para a Páscoa.

DÉCADA DE 1940
1943
É instalada a primeira fábrica da Kopenhagen, à rua Joaquim Floriano.

DÉCADA DE 1950

Nascem o presente mais procurado da Kopenhagen para ocasiões românticas, o Cherry Brandy, e o campeão absoluto de vendas até hoje: a Nhá Benta.

DÉCADA DE 1970

1975

Lançamento da linha diet da Kopenhagen.

DÉCADA DE 1980

1985

Abertura de diversas lojas novas dentro do sistema de franquia.

DÉCADA DE 1990

1996

A família Moraes adquire a marca, imprime uma gestão absolutamente empreendedora e audaciosa e inicia um novo capítulo nessa história vencedora.

DÉCADA DE 2000

2008

A Kopenhagen completava oito décadas de existência e seu principal lançamento foi o ovo "80 anos". Apresentado como uma joia dentro de uma redoma, ele reunia em um só produto diversos tipos de chocolate: ao leite, crocante, amargo, branco, gianduia e cacau 70%. Nesse mesmo ano, a Kopenhagen lançou um livro que contava a história da trajetória da marca.

2009

Surge a Chocolates Brasil Cacau, com o objetivo de democratizar o chocolate de qualidade no Brasil. Marca jovem e divertida, oferece portfólio abrangente e tem como fortaleza seus produtos de autoconsumo.

DÉCADA DE 2010

2010

Construção da nova fábrica em Extrema (MG), considerada *State of the art*, e que atualmente tem capacidade instalada para atender mais de 850 lojas em todo Brasil. No mesmo ano, a Nhá Benta completa sessenta anos de existência e promove uma campanha extraordinária com diversos lançamentos.

2011 A 2013

Nasce o inédito programa de relacionamento Kop Club, que atualmente possui mais de 2,5 milhões de clientes associados e altamente fiéis a marca; lançamento da campanha da linha "Língua de Gato", estrelada pelo ator Edson Celulari; inauguração da primeira *flagship* da Kopenhagen, localizada na badalada rua Oscar Freire, em São Paulo; introdução da categoria Mil Delícias, um mix de produtos para consumo imediato que favorece um novo formato de atendimento nas lojas Kopenhagen; patrocínio da marca Chocolates Brasil Cacau no *reality show* Big Brother Brasil.

2014

Joint venture entre Grupo CRM e Lindt & Sprüngli no Brasil, com objetivo de estabelecer mais de 55 lojas próprias nos principais shoppings do país.

2015

Criação de mascote para a linha infantil Kopenhagen, o Lingato.

2018

Comemoração dos novena anos da marca com um grandioso evento, diversos lançamentos, edições limitadas de embalagens, comunicação e tudo mais que só uma marca quase centenária e que possui forte elo emocional com seus clientes pode contar.

2019

A marca Brasil Cacau completa dez anos, com mais de quatrocentas lojas em todo o Brasil. Lançamento da plataforma de produtos Soul Good para a Kopenhagen, primeira linha de chocolates saudáveis com formulação *clean label* do mercado *premium*. Nasce a terceira marca do Grupo CRM, a Kop Koffee, como uma avenida de crescimento bastante potencial no plano estratégico do Grupo.

DÉCADA DE 2020

2020

Parceria estratégica entre o Grupo CRM e a Advent International, um dos maiores e mais experientes investidores de *private equity*.

2021

Expansão digital das marcas Brasil Cacau e Kopenhagen, abrindo um novo capítulo da história da marca ao promover uma jornada *omnichannel* aos nossos consumidores. Expansão física, com a abertura de cem novas lojas.

CONCLUSÃO

DE LÍDER PARA LÍDER

Ao longo das últimas páginas, procurei transmitir alguns dos ensinamentos que me fizeram conquistar o mais alto nível executivo no mundo corporativo. Como CEO, eu conheço minha missão e a treino de forma obsessiva para atuar com flexibilidade e com capacidade de adaptação. Desejo que, lendo este livro, você assimile a maioria desses conceitos e que eles a auxiliem e a incentivem na construção de uma história de sucesso. Nesta nossa "despedida", eu gostaria de reforçar algumas lições. A primeira delas é que, ao se conformar com o mercado de trabalho da maneira como ele se apresenta, você se sentencia ao papel de vítima. Como eu disse no começo desta obra, a ambição é um predicado, nunca um defeito. É a maneira como você se posiciona em cada situação que constrói um novo olhar e uma nova perspectiva sobre o que você faz. A mulher precursora aprende depressa que mudanças são positivas e necessárias. Eu também espero que você tenha compreendido que desculpas e justificativas formam a dupla oficial do fracasso. Que o passado é aprendizado, o presente é o tempo da ação, e o futuro depende das escolhas que você fizer hoje. Lembre-se de que profissionais proativas são extremamente valorizadas no mercado, justamente porque antecipam as situações e não esperam ser acionadas para agir.

Expliquei também que a mulher empreendedora corre atrás, persegue, fareja e constrói sua história todos os dias, sendo capaz de girar até as catracas mais difíceis do negócio. E que, quando você pensa em tudo o que tem a ganhar, deixa de encarar novos caminhos como um peso e passa a vê-los como um prêmio. Tenho certeza de que a partir de agora você já entendeu como é fundamental lutar contra alguns hábitos negativos enraizados e que se olhar no espelho é muito mais importante do que se concentrar naquilo que vê através da janela, pois é a partir do autoconhecimento que a metamorfose se inicia.

Tenho convicção de que a vida é uma troca e de que o mercado atual vem reconhecendo, cada vez mais, a importância de líderes que potencializem seus times e permitam que todos brilhem ao seu modo. É por isso que reforço que é essa capacidade de se doar e de se empenhar sem limites que separa as grandes histórias de superação das grandes histórias de fracasso. Costumo dizer que a vaidade deve ser zero e que a satisfação deve ser oriunda dos resultados coletivos alcançados, não de conquistas individuais. Se não mantiver essa premissa em mente, não conseguirá exercer uma liderança inspiradora, como deve ser.

Estar em uma curva ascendente de aprendizados requer sensibilidade para prever movimentos e habilidade para se transformar o tempo todo, na busca pela evolução. A sua transformação não deve ser fruto de uma situação inevitável. Ela deve ser resultado de uma cultura alicerçada na paixão por abraçar o novo quantas vezes for possível. Eu tenho "a faca e o chocolate nas mãos" e um mundo de oportunidades para explorar. Eu me apodero desse privilégio diariamente para buscar caminhos disruptivos – não apenas para mim, mas para todos os envolvidos no negócio. Para fazer isso, não permito que os medos impeçam minha ousadia, nem perco a coragem necessária para desbravar rotas distintas e explorar outras possibilidades. É isso que verdadeiramente desejo para você, que já aprendeu que as capacidades podem ser aprendidas e os limites não são limitantes. E nunca se esqueça de que uma líder incansável é aquela que se apaixona verdadeiramente todos os dias pela construção de novos sucessos e não faz do tempo passado a sua morada.

Ao descobrir a si mesma como protagonista, você será tomada por um sentimento viciante, capaz de impulsioná-la a resultados cada vez melhores. Sua motivação deve nascer desse desejo de superação e da esperança de que cada dia seja melhor que o outro. E, quando isso não for possível, jamais perca a vontade de fazer mais! Porque a resiliência não é uma característica inata, e sim um exercício diário. É a resiliência que a tornará ágil, empática, perspicaz e visionária. Acredite!

E o que acontecerá quando você chegar ao topo? Compartilhe o seu sucesso! Se sozinhas somos limitadas, unidas somos imparáveis. Partilhar sucessos permite que você também admita sua frustração por uma iniciativa fracassada. Líderes incansáveis aprendem com os próprios erros e também com os equívocos de outras mulheres, pois elas não são rivais, são aliadas. Portanto, eis aqui um último conselho: nunca almeje os holofotes somente para si. Quero que todos à minha volta brilhem, porque congratular as pessoas que partilham uma rotina alucinante de trabalho comigo é um ato de celebração. Sinto-me privilegiada por ter tanta gente do bem ao meu lado. Elas são pessoas que me estimulam, me inspiram e me impulsionam a ir além. Olho para trás e percebo o quanto minha jornada é longa e feliz. Vivi momentos intensos e instantes de pura alegria, que ofuscaram todos os momentos cinzentos pelos quais passei e que ensinaram valiosas lições. Hoje, só quero agradecer pela benção de viver os meus sonhos e pela alegria que é ter tanta gente maravilhosa para celebrar planos e aprendizados. Posso dizer com muito prazer, em alto e bom som: sim, eu tenho chocolate correndo nas veias!

Você já faz parte desse seleto grupo de líderes incansáveis. Eu fico aqui torcendo para receber sua mensagem e sua história de sucesso. Até breve!

AGRADECIMENTOS

NINGUÉM FAZ NADA SOZINHO.
E ISSO É MUITO BOM!

"Você pode sonhar, criar, projetar e construir o lugar mais maravilhoso do mundo, mas é necessário ter pessoas para transformar o seu sonho em realidade." A famosa frase de Walt Disney retrata o óbvio: ninguém faz nada sozinho. Agora que você já conhece a minha história e sabe, com detalhes, quem sou e a maneira como reflito, eu não poderia deixar de dizer que eu também sou o fruto da junção das experiências que vivi e, principalmente, do muito que me foi ensinado, do quanto fui influenciada, cuidada e inspirada por muitas pessoas. Assim como eu, você também é o resultado da soma daqueles que escolheu ter por perto para multiplicar as suas capacidades e os seus talentos.

Não é possível inspirar sem ser inspirada.
Não é possível ensinar sem ser ensinada.
Não é possível ser espelho sem antes ser reflexo.
Não é possível impactar sem antes ser impactada.
Não é possível ser influência sem ter referência.

Ao refletir a respeito dessas frases tão inspiradoras, neste capítulo eu quero deixar registrados os meus agradecimentos a um pequeno grupo de pessoas que considero fundamentais em minha trajetória. São pessoas com as quais eu aprendi, nas quais eu me inspirei e que tenho a honra de chamar de amigos, família, companheiros de jornada e parceiros de história. Embora eu não pretenda prestar meus tributos em ordem de importância, não consigo começar qualquer coisa nesse sentido sem iniciar pelo casal que mais me ensinou, impactou e influenciou: os meus pais!

Mesmo já tendo falado sobre eles em diversos pontos deste livro, peço sua licença para reforçar neste momento a minha gratidão. Tenho tanta sorte por ter tido Celso e Claudia como pais! Quando a gente recebe algo assim tão maravilhoso, é necessário valorizar e falar constantemente disso – no meu caso, do quanto esses dois seres humanos são sensacionais. Minha mãe foi a pessoa mais efervescente que já conheci. Ariana típica, era de uma força e de uma energia ímpares. Dela, herdei a leveza para enxergar a vida, a importância conferida à família e a resiliência para buscar meu lugar ao sol. Falar de minha mãe sempre me provoca um nó na garganta, desperta uma saudade implacável, mas nossa relação sempre foi tão intensa que, ao mesmo tempo, falar dela evoca memórias tão ricas e profundas que, mesmo distantes, perdidas na minha linha do tempo, nutrem minha força para continuar perseguindo meus sonhos e alimenta a certeza de que, um dia, nos encontraremos novamente!

Se minha mãe é coração, meu pai é razão. Mas não um tipo comum de razão. Ele tem a visão de uma águia. Consegue equilibrar a alma sensível de artista com a habilidade prática do grande empresário. Criativo e com visão de futuro apuradíssima, ele me treinou desde cedo para enxergar além dos fatos óbvios e além das pessoas. Meu pai me ensinou a ler as entrelinhas em uma reunião, a identificar talentos e aliados e, sobretudo, a me cercar de pessoas inspiradoras e realizadoras.

É impossível falar da Renata feliz e não atribuir esse sorriso sempre presente em meu rosto ao meu marido. O Vichi é o parceiro de todas as horas. Ele é dono de um coração nobre e de um senso de justiça e verdade que jamais vi em mais ninguém. Sempre analítico, ele é minha inspiração quando preciso estratificar estratégias e iniciativas e planificá-las em um planejamento imediato. Compartilhamos o amor por nosso filho, pela vida, pelo mar, pelo Grupo CRM, e somos apoio um do outro em todos os momentos.

Sem dúvida, meu marido é parte indissociável da minha paixão por tudo que tenho e faço.

Meu filho Bruno é meu grande exemplo de persistência, luta e amor. Meu menino já nasceu me provando que diagnóstico não é sentença e que a vontade de viver é capaz de tudo. Ele é uma fonte inesgotável de generosidade e de carinho. Quando mergulho na profundeza dos olhos azuis mais doces que eu já vi, sou capaz de enxergar meu projeto de vida mais bem-sucedido, minha maior fonte de orgulho e a razão pela qual eu vivo todos os dias.

Quem acha que não tenho irmãos não conhece a força que existe no amor entre pessoas que se amam e se escolhem para a irmandade! No papel, a Carol é minha prima, mas, em meu coração, é minha IRMÃ, desse jeitinho mesmo, com letras maiúsculas! Dividimos as aventuras mais deliciosas e engraçadas em nossa infância e adolescência, época em que viajávamos juntas pelo menos duas vezes por ano e desbravávamos dezenas de países e centenas de cidades nos quatro cantos do mundo. Ela é mãe de minha afilhada Laura e madrinha do Bruno. Eu me inspiro nela, em sua pessoa alegre e dona da melhor gargalhada que já ouvi. Carol é família e amiga, do tipo que sempre ouve, que sempre ampara e jamais julga. Que sorte a minha ter alguém assim sempre por perto! Quando minha mãe ficou cinquenta dias internada, ela foi meu porto seguro. Permaneceu comigo todos os dias, ora segurando a minha mão, ora enxugando as minhas lágrimas.

Quem nunca encontrou uma xará que virou melhor amiga não sabe o que é viver! Brincadeiras à parte, a vida foi muito generosa quando colocou a Renatinha em minha vida na época do colégio. Somos unha e carne. Ela é a irmã que a vida me trouxe de presente e que me ensina todos os dias a enxergar o quanto vale uma amizade sincera. Ela é a mãe do Pipo, meu afilhado querido.

O Ismael é a figura mais constante e sólida que encontrei em minha vida corporativa. Não me lembro de nenhum momento de minha carreira em que ele não estivesse lá sendo apoio, referência e sabedoria. Ismael foi diretor do Grupo CRM por muitos anos e trabalha com minha família desde a época de meu avô. Ele é uma fonte de sabedoria para mim. É do tipo que ouve mais do que fala: quando ele se manifesta, todo mundo para, a fim de absorver tudo o que ele tem a dizer, pois sabem que sua visão é clara, genuína, perspicaz e justa.

A Maricy, que hoje é a diretora executiva da Kopenhagen, entrou em minha vida há seis anos como diretora de marketing do grupo e hoje é uma de minhas executivas mais estratégicas. Sinto-me agraciada por acompanhar o desenvolvimento dela e poder liderá-la rumo ao extraordinário em uma relação pautada na confiança mútua. Maricy está comigo em tudo e topa os maiores desafios que já propus para as nossas marcas, sempre com muita energia, resiliência, paixão e, acima de tudo, com o compromisso pela qualidade que leva a Kopenhagen a patamares cada vez mais altos e diferenciados. Ela foi fundamental no processo de construção das marcas e do Grupo CRM nos últimos anos, e o que fizemos juntas é tão marcante que sou capaz de dividir a história da companhia em antes e depois da dupla Maricy e Renata!

O Lula é o *personal trainer* mais inspirador que eu já tive. Duvido que exista alguém que engaje mais as pessoas a buscar um estilo de vida saudável do que ele. Lula foi a faísca que eu precisava para canalizar minha disciplina para os treinos. Pelas mãos dele, passei de uma pessoa que não praticava atividade física nenhuma para uma aficionada pelo *lifestyle* saudável, tornando-me amante do movimento. Ele é meu guia no universo *fitness* e sou imensamente grata a ele e a tudo que me ensinou e que hoje faz, de mim, uma pessoa imensamente mais produtiva, ágil e afiada.

Atualmente, sou treinada pelo Sidney Lopes, outro profissional extraordinário, que me impulsiona e me motiva de uma maneira impactante. É ele quem comanda minha agenda de treinos e acompanha minha rotina nutricional.

Este parágrafo é de agradecimento duplo. João e André Audi, meus sócios no Studio SoulBox, são meus amigos e verdadeira inspiração. Primeiro, eles me inspiram na parceria pai e filho, que reforça a minha com o meu pai e serve de inspiração para a minha ligação com meu filho. E não estou falando apenas do âmbito profissional. Eles se entendem com um olhar, se admiram e se respeitam de maneira incrível. Busco recriar essa atmosfera na relação linda que cultivo com meu filho Bruno. Empresários capazes e de grande sucesso, João e André dividem comigo o amor pelo SoulBox, ao lado das igualmente queridas Thais Audi e Adriana Franco.

Tem sorte na vida quem encontra uma pessoa para mentorar e afiar suas habilidades, e eu encontrei a minha! A Lu Rachid é minha *coach* e mentora. Ela extrai o melhor de mim e me ensina a canalizar essas habilidades não apenas para o meu crescimento, mas também para me inspirar a ajudar as pessoas à minha volta!

Minha carreira é fundamentada em conhecimentos técnicos aprimorados na prática e devo ao William Eid, meu professor e PhD pela FGV, essa base sólida que me ampara em tudo o que faço e me permite multiplicar minhas capacidades e meus atributos. Com ele, aprendi que é no conhecimento e no aprimoramento constante que reside a fonte de qualquer sucesso.

Orlando Glingani, por sua vez, foi meu parceiro de criações inusitadas, além de pura fonte de inspiração para mim e para centenas de franqueados da Kopenhagen e da Brasil Cacau. Devo a ele, que respira chocolate, a sensibilidade para entender a alquimia dos sabores e para ambicionar o protagonismo em todas as nossas criações e inovações. "Renata, você tem chocolate nas veias!" Quando ele disse isso pela primeira vez, minha vida mudou para sempre.

Doutor Renato Kalil, obstetra, é uma das pessoas fundamentais em minha vida. Foi a ele que confiei o cuidado de minha gestação e foi por meio dele e de toda a sua competência que pude realizar meu maior sonho, o sonho de ser mãe.

Por fim, mas não menos importante, quero agradecer à Ayla, que, além de ser minha amiga, cuida de minha assessoria de imprensa. Hábil com as palavras, criativa e com uma energia que lembra muito a de minha mãe, ela é a dona do bom dia mais cheio de alegria, que invade os grupos corporativos com figurinhas divertidas e sempre tem um jeitinho especial de, com bom humor, mudar o clima de qualquer desafio. Alegre e disponível, ela me ensinou que comunicação assertiva é uma arma poderosa para impulsionar projetos, conectar pessoas e criar caminhos. Obrigada por me assessorar, me incentivar, me admirar sem ressalvas, me ouvir e me escrever sempre de maneira tão carinhosa e inspiradora.

Tenho certeza de que você, assim como eu, possui grandes amigos, parceiros e aliados, cada um deles responsável por transformá-la em uma pessoa melhor. Preste a elas os seus tributos e agradeça aos céus por ter encontrado companheiros tão incríveis, pois eles terão um papel importante em seu desenvolvimento em cada etapa de sua jornada de liderança. Neste momento, deixo meus agradecimentos também a você, querida leitora, que me inspirou a escrever este livro. Sinto-me honrada em dividir um pouco de minha história, experiência e aprendizados para fazer você brilhar. Muito obrigada!

FONTES Ladislav, Untitled Serif
PAPEL Alta Alvura, 90 g/m²